鲁班工坊国际发展研究系列丛书

总主编◎吕景泉 米 靖
副总主编◎杨 延 李 力

世界上首个鲁班工坊

泰国鲁班工坊研究

吕景泉 于兰平 黎志东◎编著

外语教学与研究出版社
北京

图书在版编目（CIP）数据

世界上首个鲁班工坊：泰国鲁班工坊研究 / 吕景泉，于兰平，黎志东编著. -- 北京：外语教学与研究出版社，2023.3（2024.8 重印）
（鲁班工坊国际发展研究系列丛书 / 吕景泉，米靖总主编）
ISBN 978-7-5213-4208-6

Ⅰ. ①世… Ⅱ. ①吕… ②于… ③黎… Ⅲ. ①职业教育－研究－泰国 Ⅳ. ①G719.336

中国版本图书馆 CIP 数据核字（2022）第 255315 号

出版人 王 芳
责任编辑 王志艳
责任校对 牛贵华
封面设计 彩奇风
出版发行 外语教学与研究出版社
社 址 北京市西三环北路 19 号（100089）
网 址 https://www.fltrp.com
印 刷 北京捷迅佳彩印刷有限公司
开 本 787×1092 1/16
印 张 19.5
版 次 2023 年 3 月第 1 版 2024 年 8 月第 4 次印刷
书 号 ISBN 978-7-5213-4208-6
定 价 88.60 元

如有图书采购需求，图书内容或印刷装订等问题，侵权、盗版书籍等线索，请拨打以下电话或关注官方服务号：
客服电话：400 898 7008
官方服务号：微信搜索并关注公众号“外研社官方服务号”
外研社购书网址：https://fltrp.tmall.com

物料号：342080101

鲁班工坊国际发展研究系列丛书

总 主 编 ◎ 吕景泉　　米　靖

副总主编 ◎ 杨　延　　李　力

《世界上首个鲁班工坊——泰国鲁班工坊研究》

编著 ◎ 吕景泉　　于兰平　　黎志东

参编 ◎ 申　奕　　张　磊　　刘　铭

从书序

2023年，是习近平主席着眼人类前途命运及中国与世界发展大势，提出“一带一路”倡议十周年。这十年，我国实施了更加积极主动的开放战略，共建了一批深受欢迎的国际公共产品和国际合作平台。

天津职业院校响应“一带一路”倡议精神，在教育部、天津市委市政府领导下，原创首创并率先组织实施“鲁班工坊”项目建设。从2016年3月，到2022年12月，天津院校相继在泰国、英国、印度、葡萄牙、南非、埃及等20个国家建设了21个鲁班工坊，项目遍及亚欧非三大洲。从2018年9月，到2022年12月，习近平主席先后15次在重大外交场合就“鲁班工坊”作出重要论述，鲁班工坊已经成为促进合作国能力建设、改善民生福祉，服务“一带一路”的重大国家行动和国际公共产品。

鲁班工坊，与世界分享中国职业教育的教学模式、专业标准、技术装备和教学资源，为境外合作院校培养高素质“双师型”骨干教师，为合作国培养熟悉中国技术、了解中国工艺、认知中国产品的当地技术技能人才，搭建促进世界产教融合、服务国际产能合作的公共平台，形成职业教育“走向世界”的中国方案。

本丛书是鲁班工坊品牌主要创建者带领建设团队，撷取典型洲际鲁班工坊的建设项目，记录其建设历程，探寻其实践逻辑，考察其发展脉络，洞悉其创新成效，并以《鲁班工坊纵览与博观》作为丛书的集成性文献。在国别选择上，丛书从亚洲、欧洲、非洲各选取典型国别，对其项目缘起、发展、成效、影响进行纪实性描摹与梳理性研究。这些鲁班工坊包括：世界上首个鲁班工坊——泰国鲁班工坊、欧洲鲁班工坊标杆项目（含欧洲第一个鲁班工坊——英国鲁班工坊、欧洲鲁班工坊标杆——葡萄牙鲁班工坊）、非洲鲁班工坊标杆项目（含非洲第一个鲁班工坊——吉布提鲁班工坊、面向非洲的鲁班工坊——埃塞俄比亚鲁班工坊）。丛书在叙述过程中呈现了珍贵的纪实照片、进程图、时序表和大事览，力求体现实情实景、真人真事、正史正义。以此，记录中国职业教育自1866年“引进来”，到2016年“走出去”，实现与世界分享的重大转折性事件。

本丛书是在鲁班工坊建设专家委员会指导下，由天津市高校智库“鲁班工坊国际发展研究中心”与天津职业技术师范大学鲁班工坊国际发展研究中心（LB_IDRC）牵头组织研究的系列成果，得到了中国教育部“中非高校20+20合作计划”、天津市鲁班工坊研究与推广中心的项目支持，可供中国对外人文交流、国际教育合作，特别是从事鲁班工坊项目建设与研究的同仁借鉴使用。

前言

2016 年 3 月 8 日，在中国职业教育发展史上，是一个不同寻常的日子。这一日，中国天津代表团荀利军、靳润成、吕景泉等一行 6 人，同先期抵达泰国的芮福宏、申奕等中方建设团队人员会合，与泰方各界人士、泰国大城技术学院建设团队，共同为世界上首个“鲁班工坊”启动运营揭牌。

这一揭牌，揭开了自中国近现代职业教育持续引进、学习、借鉴国外职业教育经验 150 年之后，开启与世界系统化分享中国教学模式、教学标准、教学装备、教学资源、教学方案的帷幕；这一揭牌，揭开了天津职业教育经过国家职业教育改革试验区、示范区、示范区“升级版”连续建设 15 年之后，开启与国际合作伙伴品牌化建设中国主导在境外实施学历教育与技术培训实体化机构的大幕。

2017 年 2 月 3 日，吕景泉与芮福宏共同获得“诗琳通公主奖”。2022 年 9 月 29 日，哲仁获得“中国政府友谊奖”。

中国天津渤海职业技术学院与泰国大城技术学院率先实施的泰国鲁班工坊项目建设，探究了鲁班工坊核心内涵，实现了鲁班工坊核心功能，确立了鲁班工坊品牌要义，验证了鲁班工坊整体项目方案的可行性和科学性，树立了鲁班工坊实践探索、理论研究、经验总结、模式推广的标杆。

泰国鲁班工坊是鲁班工坊品牌创建创成的奠基者、开拓者和引领者。“国别鲁班工坊”研究，开启于泰国鲁班工坊。“世界上首个鲁班工坊”，是对泰国鲁班工坊的最好称谓，也是对泰国鲁班工坊建设团队的最好褒扬！

吕景泉

2022 年 11 月 20 日

/ 目 录 /

第六篇　鲁班工坊思考

第一篇 鲁班工坊概貌

篇引语

2013 年，习近平主席提出“一带一路”倡议。建设国际公共产品，成为推动构建人类命运共同体的重要举措。天津职业院校响应倡议精神，在教育部、市委市政府领导下，原创首创鲁班工坊并率先实施项目建设。

2016 年 3 月 8 日，世界上首个“鲁班工坊”在泰国大城揭牌启运，标志着中国职业教育品牌化、系统化、体系化与世界分享的发端，开启了中外合作院校在境外共建职业教育实体化机构，实施学历教育与技术培训的先河。

鲁班工坊的初心，源自助力“一带一路”、促进国际产能合作、服务构建人类命运共同体、同世界分享中国职业教育的优秀方案。鲁班工坊，不仅在境外实施本土化技术技能人才培养领域的学历教育与社会培训，也实现了在世界职业技术教育舞台上以中国职业教育的话语、标识、模式、标准为主导的国际对话与交流，成为国际教师学生、行业企业的交流互动平台，成为世界职业技术教育教学研究、模式互鉴、教师教研、教材开发、装备研制、标准互嵌的交流互动平台，成为国际技能赛事、产业职业发展、行业企业沟通的交流互动平台，成为展示各国职业文化、技能传承、科技创新的“百花园”。

泰国鲁班工坊的建设过程，就是中国职业院校与境外合作伙伴一起探索实践，高标准实现鲁班工坊核心要义内涵、高水平实现“交流互动平台”功能的过程。天津渤海职业技术学院与大城技术学院率先实施的泰国鲁班工坊项目建设，探究了鲁班工坊的四个内涵，实现了鲁班工坊的两种功能，确立了“鲁班工坊”品牌标识，验证了鲁班工坊整体项目方案的可行性和科学性，树立了鲁班工坊从实践探索到理论研究的标杆。

泰国鲁班工坊是鲁班工坊项目建设、品牌创建的奠基者、开拓者和引领者。

助中国职教走向世界

让世界分享中国方案

该标识于2016年5月5日完成作品登记

◉金色丝绸之路

◉今日天津

第一章 / 鲁班工坊

章引语

2018 年 9 月 3 日，习近平主席在中非合作论坛北京峰会上宣布，在非洲设立 10 个鲁班工坊，向非洲青年提供职业技能培训。同年 12 月，习近平主席在里斯本见证葡萄牙鲁班工坊项目签约仪式。自此，鲁班工坊建设进入发展新阶段。

2021 年 4 月，第 10 个非洲国家的鲁班工坊在非盟总部所在国埃塞俄比亚揭牌启运，标志着习近平主席提出的非洲鲁班工坊三年建设任务圆满完成。

2021 年 9 月 17 日，习近平主席在上海合作组织成员国元首理事会第二十一次会议上提出：未来 3 年，中方将向上海合作组织国家提供 1 000 名扶贫培训名额，建成 10 所鲁班工坊。2022 年 2 月 5 日，习近平主席在人民大会堂会见塔吉克斯坦总统拉赫蒙时强调，加快在塔建成中亚首家鲁班工坊。至此，鲁班工坊建设开启发展新征程。

鲁班工坊，是天津职业教育原创首创，天津职业院校率先组织实施，历经实践探索、理论研究、经验总结、模式推广而创立的中国职业教育的国际品牌。鲁班工坊，是以中国职业教育领域的首个“国家职业教育改革试验区”、唯一的“国家职业教育改革创新示范区”以及示范区“升级版”——国家现代职业教育改革创新示范区的“三区”15年建设成果为总体支撑，以平等合作、优质优先、强能重技、产教融合、因地制宜为建设原则，以中国本土化、视野国际化的“工程实践创新项目（EPIP）”为教学模式，以中外双方共同开发的国际化专业教学标准为基本依据，以全国职业院校技能大赛、行业企业竞赛的优质赛项装备为主要载体，以中外双方师资培养培训先行及教学资源共建共享为必要保障，由中外双方合作院校在境外共建的实施学历教育和技术培训的实体化合作机构。鲁班工坊，是将中国职业教育的教学模式、专业标准、技术装备、教学方案同世界分享的实体化平台，为合作国培养适应当地经济社会发展需要的本土化技术技能人才。鲁班工坊，已经成为促进世界职业技术教育互鉴共享，助力合作国加强能力建设、提升青年就业能力、改善民生福祉，服务“一带一路”的重大国家行动。

鲁班工坊是天津的，是中国的，也是世界的。

一、鲁班工坊创建创成的总体支撑

1. 鲁班工坊由国家职业教育改革试验区萌动

2005 年 8 月 19 日，天津市人民政府和教育部在天津签订协议，决定在天津共建“国家职业教育改革试验区”（以下简称“试验区”）。这是新中国成立以来的首个国家级教育试验区。根据协议，试验区将在深化职业教育体制改革、创新“工学结合”教学模式、扩大职业教育对外开放等五个方面进行改革试验。

2006 年 3 月 23 日，天津市人民政府和教育部印发《国家职业教育改革试验区建设实施方案》，提出七项试验重点，其中第三项为“通过扩大职业教育对外开放与交流，借鉴发达国家的职业教育经验，构建具有中国特色的现代职业教育体系”。此项试验重点的具体内容包括：① 扩大职业教育的国际合作与交流。建立与重要国际教育机构的合作交流机制，在天津市每两年举办一届国际职业教育论坛，扩大职业教育的国际合作与沟通，交流职业教育的改革经验与成果。② 扩大利用国外职业教育资源。加强与国外一流职业院校合作交流，开展多种形式的中外合作办学。③ 扩大职业技能竞赛的影响力。由天津市和教育部每两年共同举办一次全国职业院校学生职业技能大赛（2008 年启动首届全国职业院校技能大赛，至 2019 年，每年举办一届，天津作为主赛场连续举办了十二届），邀请国内外知名企业积极参与。④ 扩大职业院校毕业生的劳务输出。广泛开展国际间的劳务合作，探索职业院校毕业生劳务输出的形式，扩展职业院校毕业生对外劳务输出的渠道，为我国技能型人才走向世界、为我国职业教育走向世界摸索经验。

2010年年初，教育部验收专家组认定，试验区建设任务全面完成。可以说，试验区建设在对外开放与交流方面，主要是以借鉴发达国家的职业教育经验为主线，通过向发达国家进行系统的借鉴学习，消化吸收，本土创新，积累经验，探索具有中国特色的现代职业教育体系。这5年（2005—2010年）的试验探索，为鲁班工坊的创办奠定了基础。

2. 鲁班工坊由国家职业教育改革创新示范区发端

2010年3月7日，天津市人民政府和教育部在北京签订协议，决定在天津共建“国家职业教育改革创新示范区”（以下简称“示范区”）。这是迄今为止，全国唯一的国家级职业教育示范区。根据协议，双方共同成立示范区领导小组，发挥先行先试作用，创造沿海地区职业教育发展的新模式和新机制，为其他地区职业教育改革与发展提供新的经验。

2012年1月12日，天津市人民政府和教育部印发《国家职业教育改革创新示范区建设实施方案》，提出八项示范重点，其中第六项为“职业教育国际合作交流促进工程”，即以开放促改革、促发展，开展多层次、多类型、宽领域的职业教育交流与合作，提高职业教育国际化水平，提升职业教育的国际地位、影响力和竞争力。此项示范重点的具体内容是三个计划，包括：① 职业教育国际合作交流平台构建计划。每两年举办一届中国（天津）职业教育国际论坛，交流职业教育改革经验与成果。加强与联合国教科文组织等国际组织、国外及中国港澳台地区职业院校间的交流合作。支持中外职业院校间的教师互派、学生互换、学分互认和职业资格互授。② 职业教育“引进来”战略实施计划。吸引国际职业教育专家来津从事教学科研工作，引进海外高端职业教育人才和学术团队。按照国家有关规定，引进一批国际公认的职业资格认证机构，开展国内外资格证书“双认证”培训。创新合作交流模式，引进一批国外先进的职业教育培训课程和教材，提升中外合作项目管理水平和办学质量。③ 职业教育“走出去”战略实施计划。鼓励职业院校开展海外办学，打通天津与东南亚地区职业教育国际合作办学的通道。开展对发展中国家的职业教育合作项目，加大职业教育国际援助力度，为发展中国家培训培养技能型人才。

2015 年 6 月，教育部验收专家组评定认为，示范区建设任务圆满完成。可以说，示范区建设在对外开放与交流方面，已经开始走向高质量的“引进来”与探索性的“走出去”并重，国际合作的基础能力建设与国际交流的高端平台构建并举，国际合作交流的内涵建设与国际师生互动、资格互认并推，从高度、深度、广度方面都发生了质的变化。这 5 年（2010—2015 年）的创新实践，为鲁班工坊的创办做了充分准备。

3. 鲁班工坊由国家现代职业教育改革创新示范区起步

2015 年 7 月 4 日，天津市人民政府和教育部在天津海河教育园区签署合作协议，决定在天津共建“国家现代职业教育改革创新示范区”（以下简称“示范区升级版”）。作为“示范区升级版”的天津，将建设成为职业教育制度创新的新高地、体系建设的新引擎、国际合作的新窗口、区域协同的新平台、质量提升的新支点。

此次合作共建“示范区升级版”，将服务国家重大发展战略和区域经济社会发展需求作为重要任务，将在健全职业教育体制机制、创新职业教育模式、完善职业教育制度、建设现代职业教育体系方面走在全国前列（四个“前列”），并努力实现职业教育与经济社会同步规划、与产业建设同步实施、与技术进步同步升级、与国际产能同步布局（四个

“同步”），创造可复制、可借鉴、可推广（三个“可”）的经验做法。重点建设内容包括：推进现代职业教育体系建设、加快应用技术类型高校建设、加强现代职业教育制度建设、开展专业群对接产业群建设、加速职业教育信息化建设、推动京津冀职业教育协同发展、提高职业教育国际化水平等。协议明确提出，在对外开放与交流方面实施“一个工程三项计划”，即：围绕国家发展战略需求，实施职业教育国际合作交流促进工程，职业教育国际交流平台构建计划、职业教育“走出去”战略实施计划和提升全国职业院校技能大赛国际影响计划。

实践证明，鲁班工坊，是实施职业教育国际合作交流促进工程的重大创新举措，是落实“三项计划”的可靠有效招法。从项目方案设计、内涵模式确定，到创设世界第一个鲁班工坊、欧洲首个鲁班工坊、非洲首个鲁班工坊，项目足迹遍布亚、欧、非三大洲，在 20 个国家高水平建设 21 个鲁班工坊。鲁班工坊成功构建了国际交流的品牌化实体平台，高质量实现了中国职业教育成体系“走出去”战略，全方位提升了全国职业院校技能大赛实质性国际影响，成为新时代中国职业教育具有里程碑意义的重大创新实践。

鲁班工坊，萌动于国家职业教育改革试验区建设，发端于国家职业教育改革创新示范区建设，起步于国家现代职业教育改革创新示范区建设，成熟于服务世界职业技术教育交流、促进国际产能合作，定型于促进合作国能力建设、改善民生福祉，服务“一带一路”的重大国家行动。

鲁班工坊，是天津职业教育试验区发展、示范区改革、示范区升级版创新的成果“集大成”，是中国职业教育内涵发展、提质培优、改革创新的成果“集大成”呈现。鲁班工坊，是天津职业院校办学成果、教学成果、领导水平、服务能力的“集大成”，是中国职教人勇于实践、

◉泰国学生在鲁班工坊学习

敢于开拓、求真务实、家国情怀的“集大成”展现。鲁班工坊，是中国职业教育品牌、模式、标准、装备、教材等要素与方案系统性、体系化同世界分享的“集大成”。

二、鲁班工坊内涵的核心要素

2015 年 9 月，天津职业教育启动鲁班工坊的前期谋划和方案设计，到 2018 年 9 月，习近平主席宣布在非洲建设 10 个鲁班工坊，在这整整三年时间里，是鲁班工坊“项目建设”从务虚走到务实，从设计走到实施，从推演走到实战的试验探索期，也是鲁班工坊“品牌创建”从发展定位、目标任务、建设原则、核心内涵，到发展策略、实施路径、建设模式、政策保障的成型成熟期。2016 年 3 月至 2018 年 9 月，伴随着泰国鲁班工坊 2016 年 3 月、2018 年 1 月、2018 年 7 月的“三期建设”以及“一坊两中心”成型，“六个专业”实施，以泰国鲁班工坊为重要行动标志和质量标度，鲁班工坊“项目建设”与“品牌创成”具备了进行推广应用的条件。自 2018 年 9 月，鲁班工坊建设进入发展新阶段。

2018 年 9 月，习近平主席宣布在非洲建设 10 个鲁班工坊，到 2021 年 9 月，习近平主席提出在上海合作组织国家建设 10 个鲁班工坊，在这整整三年时间里，是以葡萄牙、吉布提、南非、埃及、埃塞俄比亚等项目建设为主题，对鲁班工坊内涵进行巩固拓展期，也是非洲鲁班工坊建设任务的攻坚完成期。自 2021 年 9 月，鲁班工坊建设开启发展新征程。

从 2015 年 9 月，到 2021 年 9 月，在这整整六年的时间里，亚洲、欧洲、非洲鲁班工坊的坚实探索与成功实践奠定了鲁班工坊高质量高水平实施的建设基础，创设了中国职业教育同世界分享的优质项目，打造了中国职业教育的国际品牌。

鲁班工坊项目建设，坚持品牌化推动，标准化建设，规范化管理，精准化服务，高质量实施，以“12345”诠释鲁班工坊核心要义。鲁班工坊的“12345”，是一块品牌、两种功能、三条路径、四个内涵、五项原则（其详细阐释参见专著《鲁班工坊（LUBAN WORKSHOP）解析》）。

鲁班工坊，同世界分享中国优秀职业教育方案、经验与成果，将“四个以”作为其核心内涵，即：以中国本土化、视野国际化的“工程实践创新项目（EPIP）”为教学模式，以中外双方院校、中外合作企业共同开发的国际化专业教学标准为基本依据，以全国职业院校技能大赛、行业企业竞赛的优质赛项装备为主要载体，以中外双方师资培养培训先行及教学资源共建共享为必要保障。

1. 工程实践创新项目（EPIP）

工程实践创新项目（EPIP），是工程（Engineering）、实践（Practice）、创新（Innovation）、项目（Project）四个元素的有机组合，其内涵是“工程化、实践性、创新型、项目式”。EPIP，是 Engineering Practice Innovation Project（工程实践创新项目）首字母的缩写。“工程实践创新项目”特指一种教学模式，即 EPIP 教学模式，也可以简称 EPIP，其总称为“工程实践创新项目（EPIP）教学模式”。

以 EPIP 应用为核心内容的项目成果，获得中国职业教育领域首个国家级教学成果奖“特等奖”，成为中国职业教育的话语体系和重要标识。EPIP，是结合技术技能人才培养的中国实际而创立的教学模式，是指以实际工程为背景和基础，以工程实践为导向和贯穿，以工程实践创新能力培养为目标和归依，以真实工程项目为统领的适合技术技能人才培养的教学模式。它是中国职业教育理论创新成果的具体化，也是中国职业教育实践改革经验的系统化。EPIP，从中国本土实践中来，再到中国本土实践中去，是结合中国实际、传承古今成果、借鉴中外经验而创立的教学模式。

EPIP，其核心内涵表述为“54321”。“5”是应用层级，指扎根本土、院校办学、专业建设、课程改革、“知技素点”五个层级；“4”是四个核心要素，包括工程化、实践性、创新型、项目式四要素；“3”是三种认知境界，指“名”境界、“实”境界、“合”境界；“2”是两个核心点，指真实、完整；“1”是宗旨，即知行合一。《墨经》说：“名实耦，合也。”EPIP 的本质，是让“产教融合、工学结合、校企合作、知行合一”（习近平主席提出职业教育要坚持四个“合”）真实“落地”（其详细阐释参见专著《工程实践创新项目（EPIP）解析》）。

LOGO 设计思想

◉ 工程实践创新项目（EPIP）教学模式标识

工程实践创新项目（EPIP）教学模式的标识（Logo）设计以中华优秀传统文化“知行合一”的思想为主轴，上下结构贯通，上部为打开的书籍，下部为旋转的齿轮。书籍与齿轮相互绞合，寓意理论与实践结合，理实一体，知行合一。借此，呈现 EPIP 教学模式的“一宗”要义。

书籍页面由 E–P–I–P 四个字母与书籍形状相“合”，构成“打开”之书，意为开放、共享。EPIP，是工程实践创新项目的英文缩写，取自工程（Engineering）、实践（Practice）、创新（Innovation）、项目（Project）的英文首字母。借此，呈现 EPIP 教学模式的“四元”要义，即工程化、实践性、创新型、项目式。首字母“E”采用中华文化之源的“符形”，寓意新生、向上、向外的发展趋势。

齿轮径面标注了教学模式的英文表述“EPIP”和中文表述“工程实践创新项目”。齿轮旋转形成两束旋迹线，与书籍构型“合”字，寓意墨子的“名实耦，合也”。借此，呈现 EPIP 教学模式的“三谛境界”要义，即名谛境界与实谛境界进行不断地耦合，形成合谛境界。

标识（Logo）颜色主体采用了黑褐色与蓝白色相伴。黑褐色表征班墨文化的兼爱思想、精益精神；蓝白色表征中国教育的创新取向、时代精神。

该标识于 2022 年 5 月 25 日完成作品登记

2. 国际化专业教学标准

2006年，吕景泉教授作为教育部教指委主任委员，主持开发了自动化技术类专业教学标准。2009年，教育部组织制定《高等职业学校专业教学标准》，吕景泉教授带领团队主持或参与开发了机械、自动化、信息、交通、铁道等类32个专业教学标准。2012年11月，这些专业教学标准由教育部发布。伴随着国家职业教育专业教学标准、国家职业大典的不断演进，团队发挥了重要作用。

2012年，教育部印发《关于借鉴国外先进经验开展职业教育部分专业教学标准开发试点工作的通知》，天津职业院校借鉴国外经验，结合中国实际，开展了50个国际化专业教学标准开发试点工作。2015年，吕景泉教授牵头对50个专业标准进行完善，并集册出版。自此，在全国职业院校技能大赛同期活动中，每年列定必选项目——“国际化专业教学竞赛”“国际化专业说课观摩”。2016年以来，天津职业院校会同中外企业，结合合作国当地实际，融汇产业、行业、企业、职业要素，将13类50余个专业“落地”到21个鲁班工坊中，纳入合作国的国民教育体系，为项目实施奠定了标准基础。截至2022年，成果团队牵头完成105个国际化专业教学标准建设，并集册出版。

教育部在示范区分两批遴选紧贴先进制造业、战略性新兴产业、现代服务业等重点领域的职业教育专业，开展国际化专业教学标准的研制工作。经过广泛调研，系统梳理了国际化企业的职业岗位核心技术技能，坚持产业、行业、企业、职业、专业的“五业联动”产教融合机制，确立人才培养目标，构建工程实践导向、真实任务驱动的专业课程体系，打造“双语、双师、双能”教学团队，建设工程实践基地和质量评价体系，初步形成与国际化企业岗位需求相匹配、符合国际化技术技能人才培养要求的专业教学标准。

国际化专业教学标准具有鲜明的特征，它以职业能力标准国际对接为基础，以满足跨国企业技术技能人才需求为目标，以体现国际职业技术教育发展方向、具有中国本土特色的EPIP教学模式为核心，以教学条件的国际化水平建设为保障，以产教融合、校企合作、工学结合为依托，以国际权威职业资格（技能等级）为引领，瞄准优势产业、领军企业、先进技术、优质服务，适宜国际相互认证，突出国别特色。

天津职业院校实施“四递进”：联系产业行业企业职业要素，联合研制国际化专业教学标准（一递进）；组织专业教学实验班，开展国际化教学观摩与成果验收（二递进）；通过鲁班工坊，中外院校合作开发国别性专业教学标准（三递进）；试验并在境外“落地”专业教学标准，将其纳入合作国的国民教育体系（四递进），提升了职业院校国际化办学水平和影响力。以国际化专业教学标准研制为牵引，推动专业设置、课程内容、教学过程与合作国当地实际需求相适应，通过鲁班工坊，在境外“落地”实施了50余个专业，建设了13个专业类鲁班工坊建设标准，形成了一批境外适用的标准体系和教学方案。

3. 技能大赛优质赛项装备

全国职业院校技能大赛赛项装备，依据鲁班工坊“优质优先、强能重技”建设原则，成为项目建设遴选教学仪器装备的重要来源。

2008年，首届全国职业院校技能大赛在天津开幕，到2019年，每年举办一届的大赛历经了十二届次。十二届次的国赛，探索出一套完整的赛事和活动举办机制，推动了国赛举办质量不断升级，组建了国家职业教育改革试验区（示范区）联盟，创建了京津冀协同发展产业对接平台，成立了EPIP国际教育联盟，组织了首届“鲁班工坊”与“产教融合”国际论坛，打造了“五业联动”高端讲堂、“安教乐道·现代职教之品”经验分享活动、“我与大赛故事”“传承班墨文化”等优质品牌，导入了“自动化生产线安装与调试”国际邀请赛、工程实践创新项目（EPIP）国际挑战赛、“IEEE电脑鼠走迷宫”国际邀请赛、中德两国学生飞机蒙皮技术邀请赛等国际赛事；借助大赛、职教活动周和示范区、示范区升级版、鲁班工坊等多平台的叠加、辐射、极化效应，有力推动了产教融合、国际合作、德技并修、工匠精神的落实落地。（详细阐释参见专著《技能大赛（ChinaSkills）解析》）

大赛每年都会邀请国外知名企业、国际竞赛选手、国际著名专家学者、国际著名会展集团参与。来自美国、德国、英国、加拿大、俄罗斯、日本、瑞士、荷兰、西班牙、葡萄牙、保加利亚、吉尔吉斯斯坦、泰国、巴基斯坦、印度、印度尼西亚、老挝、越南、柬埔寨、澳大利亚、新西兰、吉布提、肯尼亚、南非、马里、尼日利亚、埃及、科特迪瓦、乌干达、马达加斯加、埃塞俄比亚、加纳、摩洛哥、加蓬、坦桑尼亚等60余个国家的政府官员、主管部门领导、院校代表、教师学生、记者逾两万人亲身参与、感受中国的大赛，分享体味中国职业教育发展成果盛宴。

大赛具备六个主要特征：① 赛项设置对接产业发展和社会需求；② 赛项设计引导专业建设、课程改革；③ 赛项标准对接企业标准和岗位要求；④ 赛项内容对接国际通用技术和工艺；⑤ 赛项服务专业组群综合实训教学；⑥ 技术与文化传承，体验与理念分享。在大赛赛项设计与装备研发中，学校与企业联合组成的教学团队探索了服务产业升级与社会需求、面向教学改革实际、聚焦综合实训教学、融入行业企业标准、采纳国际通用技术、着眼大赛教学资源转化的开发模式；按照社会需求调研、实际应用分析、提炼专业技术、研发实训装备、开发教学资源、举办技能竞赛的六个步骤，实现了技能赛项设计、教学资源转化、赛事国际对接、文化传承体验一体化的系统承办组织方式。全国职业院校技能大赛的国际影响力日益增强。

2008年以来，天津作为主赛场，伴随着赛项设置升级、先进技术融入，天津职业院校主动开展了竞赛资源转化工作，成立了大赛成果转化中心，将大赛的理念、标准、装备、资源“具化”到专业建设，“渗入”课程教学，“拓展”到中外合作，为中国职业教育与世界深度分享、互学互鉴奠定了内涵基础。

天津职业院校联动中外企业，开发了53个职业教育、行业企业和国际化赛项；基于赛项标准，研发了工程化、项目式教学资源130余部（套）。2010年，吕景泉教授牵头开发的“自动化生产线安装与调试”项目，首次实现中国赛项“走进”东盟技能大赛，目前纳入并持续举办的赛项达3个；2011年起，邀请国外选手“走进”中国大赛，设置“国际赛道”，同场竞技赛项最多达8个；2013年，第42届世界技能大赛以来，借助世界技能大赛中国（天津）研究中心，为中国选手做指导，涉及中国金牌选手总量27%以上；2022年，耿洁研究员运用EPIP教学模式，主持了首届世界职业院校技能大赛赛项设计、赛场组织，兼容性开发了13个“竞赛类”赛项，为“鲁班工坊赛道”成功举办奠定了竞赛标准、竞赛载体基础，推动了世界职业院校师生的深度交流。

4. 师资培训先行及教学资源开发

在鲁班工坊项目建设中，要实现“两主体，两依靠，两走进，两服务”，中外双方合作院校是鲁班工坊的项目主体；依靠合作国本土化资源，依靠合作国本土化教师；走进合作国国民教育体系，走进合作院校人才培养方案；服务合作国经济社会发展，服务合作国青年就业创业。

（1）师资培训

鲁班工坊，同国外合作伙伴分享的不仅有国际化专业的教学标准、工程实践导向的教学装备，还有教育理念、教学模式。每一个鲁班工坊建设之初，在共研、共建、共享、共用、共赢的“五共”原则下，需要对国外合作单位的教学团队、管理团队进行系统化、进阶式培养培训，使其掌握职教新理念、教学新模式、技术新应用，具备实际操作装备能力，能够掌握专业技术技能及其综合应用。

鲁班工坊“EPIP 师资研修项目”培训，是鲁班工坊建设的基础性工程。只有合作国本土师资能力水平提升了、适应了，教学模式、专业标准、技术装备才能发挥作用，才能实现本土教师利用本土“鲁班工坊”的资源，培养本土化技术技能人才的目标。

2007 年，吕景泉教授被评定为国家级高等学校教学名师；2008 年，被评定为国家级机电专业群教学团队负责人。他成功探索了新教师“入岗、适岗、胜岗”三年三阶段培养机制，完善了“双师型”素质教师职业能力标准，组织实施了“双师型”结构教学团队分工协作计划，并将其运用到鲁班工坊建设，为合作国开展进阶式 EPIP 师资培养培训。

2016 年 11 月，金奈理工学院推荐的首批印度教师来津，接受进阶式培训；2017 年、2018 年、2019 年，持续开展了五期培训，累计培训 32 人次。2019 年 12 月，阿布贾大学推荐的首批尼日利亚教师接受培训，采用线上线下结合的形式，累计培训 44 人次。2021 年，埃塞俄比亚技术大学在华留学的三名博士教师、四名硕士教师接受了四期（每期 90 课时）专业培训，为埃塞俄比亚鲁班工坊承担东非 EASTRIP 世行项目（肯尼亚、赞比亚、乌干达、埃塞俄比亚等四国职教师资培养项目）提供了高水平教学骨干。天津职业技术师范大学创设了“鲁班工坊建设双语能力提升”国培项目，持续打造“双语、双师、双能”中外教学团队。截至2022年9月，累计培训外方教师840余人次（疫情期间线上培训280余人次），培训中方教师920余人次，总时长达1.3万课时。

从技术装备选择、设备安装调试、教学模式运用到参加中国大赛，从专业教学标准研制到人才培养方案制订，从教学资源开发、双语教材编制到优化学生培养、员工培训评价方式，从鲁班工坊项目管理到自主运营、自主发展，鲁班工坊的师资培养与培训，实现了合作国本土教师实施本土化教学、开展本土化培训的建设目标，为鲁班工坊的健康发展提供了可靠保障。

（2）资源开发

在教学资源开发建设中，天津职业院校探索出“将国赛理念、竞赛内容、考核方式融入日常教学，将现代生产流程、技术标准、服务规范引入实践教学，将生产过程和教学过程结合”的资源开发模式，建设了一批指向赛项装备、兼容教学培训要求，基于工程实践导向、真实任务驱动的教学资源（教材）。

教学资源（教材）由竞赛训练装备、彩色纸质教材、数字资源光盘、专题教学网站等四部分组成，形成立体化资源包。彩色纸质教材以完成真实项目为线索，采用EPIP教学模式编写，通过小项目学习专项技术技能，通过大项目学习技术综合应用，技能训练、工艺素养及职业精神培养贯穿全过程。

中外院校教师开发了“工程实践创新项目”系列教程（中文、英文、葡文、泰文、俄文版）；中外院校、中外企业合作开发了《自动化生产线安装与调试》《工业机械手与智能视觉系统应用》等百余部（套）中外文教学资源；建设了“EPIP教学体验与展示中心”“鲁班工坊建设·体验馆”，中外访客达 6 万人次。中外学者、院校教师发表 EPIP 主题论文 60 余篇，泰国、印度、葡萄牙、埃塞俄比亚等国的“EPIP 教学研究中心”已成为推广中国职教模式、中国教学资源传播的“中转站”和“放大器”，涌现出以葡萄牙卢卡斯教授、泰国哲仁院长为代表的一批推广应用专家。2022 年 8 月，在首届世界职业技术教育发展大会上，亚洲、欧洲、非洲 22 位特邀嘉宾发表主旨演讲，向全球 123 个国家呈现了鲁班工坊、EPIP 在不同国度和领域的运用成效。

（3）空中课堂

“空中课堂”是鲁班工坊的标配，在中外双方院校建设了时时、处处、人人可以沟通的情境环境，也是更高效开展教研活动、专题研讨、项目展示的必要渠道，在新冠肺炎疫情期间发挥了重要作用。

截至 2021 年 9 月，围绕 EPIP 教学模式主线，鲁班工坊建设已经使 49 个国际化专业在境外落地，其中 75% 以上的实习实训设备均使用世界技能大赛、国赛、行业企业竞赛的优质装备；由中方教师主导，中外教师共同开发的专业标准双语教材，被纳入合作国的国民教育体系。

三、鲁班工坊建设的基本原则

2020 年 10 月，中国外交部 2020 年版《中国外交》白皮书发布，对鲁班工坊项目建设取得的成效给予肯定。紧贴需求，服务大局；做强现有，稳中求进；系统谋划，质量为先。这是鲁班工坊项目建设的发展策略，也是鲁班工坊品牌创成的至要方略。

鲁班工坊的首个项目落户亚洲，泰国大城成为鲁班工坊的“首城”，之后相继在印度、印度尼西亚、巴基斯坦、柬埔寨等5个亚洲国家建设了鲁班工坊（参见《2020年鲁班工坊建设与发展报告》）。亚洲鲁班工坊项目建设，以东盟为主线，最先建设了泰国、印度尼西亚和柬埔寨3个鲁班工坊，而柬埔寨项目是落实政府间“澜湄合作协议”，直接服务澜湄五国，即柬埔寨、越南、老挝、缅甸和泰国。这样，在东盟10个国家中，鲁班工坊已经直接服务6个国家。2020年，东盟成为中国第一大贸易伙伴，中国已经连续11年是东盟的最大贸易伙伴；亚洲鲁班工坊项目建设，以印度、巴基斯坦为支点，服务上海合作组织国家、金砖五国等组织。截至2022年9月，亚洲建成的5个鲁班工坊合作专业数量为16个，涉及人工智能、新能源、高铁、移动通信等中国优势产业与技术。

鲁班工坊第二个项目落户英国，奇切斯特成为欧洲鲁班工坊的“首城”。葡萄牙鲁班工坊成为中国智能制造登陆欧洲的典范。吉布提鲁班工坊，是非洲第一个鲁班工坊、全球第八个鲁班工坊，也是在习近平主席提出在非洲建设10个鲁班工坊之后，建成的非洲“标杆项目”，为鲁班工坊能够立足非洲、扎根非洲、闪亮非洲奠定了坚实基础。以吉布提鲁班工坊为建设开端，以埃及鲁班工坊为质量标杆，遴选艾因·夏姆斯大学、阿布贾大学、德班理工大学、埃塞俄比亚技术大学等优秀院校，对接当地产业发展、企业需求、就业要求，在非洲11个国家建成了12个鲁班工坊。面向非洲东部，分别在吉布提、肯尼亚、乌干达、埃塞俄比亚建成了4个鲁班工坊；面向非洲西部，分别在马里、尼日利亚、科特迪瓦建成了3个鲁班工坊；面向非洲南部，分别在南非、马达加斯加建成了2个鲁班工坊；面向非洲北部，分别在摩洛哥、埃及建成了3个鲁班工坊。非洲鲁班工坊主要聚焦铁道、机械、电气、制造、汽车、信息、冶金、中医等技术领域，对接“非洲2063年愿景”，服务中国企业“走进非洲”，支撑非洲青年技能培训。

1. 平等合作原则

鲁班工坊的合作主体与责任主体是中外双方的院校。

基于合作方的五认同，即对于中国经济社会发展的认同（一认同），对于中国产业发展与技术创新的认同（二认同），对于中国优秀传统文化与人类命运共同体思想的认同（三认同），特别是对于中国职业教育促进经济社会发展的有力有效作用的认同（四认同），以及对于中国特色国际视野的教学模式、国际化专业框架标准、中国优质技术装备和教学资源的认同（五认同），双方开展平等合作，相互尊重，共同遴选合作院校，商讨项目合作方式、工坊实施路径、整合专业设计、综合课程嵌入、资源有效利用、教学研究开展等，为鲁班工坊的建设运行提供主体支撑与基础保障。

认同，也是相互的。相互认同的平等合作，是项目长期可持续发展的重要基础。相互认同的平等合作，要求不断完善项目建设布局和相关政策保障，不断完善中外双方合作院校的遴选标准，实现合作主体责任共担，理念相合，共建共享。

2. 优质优先原则

适应合作方需求，中方提供优质的国际化教育资源和实用适用的技术装备，是坚守“鲁班工坊”品牌核心要义的重要影响因素。

中方将优先选择国际合作基础好的校企合作项目，优先选择国际化水平高的优势专业、优质课程、优秀教师、优选资源，优先分享适宜合作方需要的技术装备，保障鲁班工坊的品质。

境外合作方一旦确定，就要遴选优秀骨干教师，派往中国进行系统化、进阶式技术技能培养培训，力求合作国鲁班工坊启动运营后，外方教师可以利用鲁班工坊教学模式、教学标准、教学装备、教学资源开展本地化办学。实施“一年一监测，三年一诊改，五年一评价”，建立过程管理+动态调整指导机制，保证鲁班工坊在运行过程中，在发展定位、内涵建设、运行模式、保障机制与配套政策等方面都有据可依，有效提高鲁班工坊的国际化管理水平。

2019 年 12 月，为高质量推进鲁班工坊建设，落实《关于做大做强做优职业教育的八项举措》（津党厅〔2018〕71 号），天津市委教育工委、市教委、市财政局制定颁布了《天津职业教育“鲁班工坊”建设项目和资金管理办法》。该办法全面阐释了鲁班工坊建设定位、建设原则、建设支撑、建设模式、建设要求、建设任务、研究推广、职责分工、项目申报、项目审核、项目管理、绩效评级、检查验收等内容，为项目建设提供了重要基础与坚实保障。

优质优先，是中国职业教育的国际品牌项目建设的必然要求。优质优先，要求不断完善鲁班工坊合作院校标准、专业建设标准、课程教学标准、装备遴选标准、师资培训标准、过程评价标准以及激励约束机制，力求能够实现鲁班工坊项目在境外“健康生活，长命百岁”。

3. 强能重技原则

鲁班工坊专注于“技术技能”，技术应用、技能训练、工程实践、服务就业是其核心，也是鲁班工坊具有强大吸引力的重要方面。

在技术装备遴选上，强化国赛“装备”输出分享，强化国赛机制与合作国当地院校交流，强化在教育理念、教学模式认同基础上的互学互鉴，为合作国家培养急需的技术技能人才。在建设定位上，注重服务合作方的技术技能实践课程、核心技术技能专项课程、技术技能综合应用课程的有效实施。在教学组织上，强化 EPIP 教学模式的运用。除实施教学、培训功能之外，鲁班工坊还承接、承办当地区域性技能竞赛，这是其重要功能之一，力求成为每年一度的国赛延伸赛场和体验场所。鲁班工坊提供的装备技术水平，与国赛、国际性竞赛的标准具有等同性、兼容性，完全具备开展国际邀请赛、挑战赛和技术技能切磋交流的条件。

强能重技，是鲁班工坊项目建设的本质属性，是有效服务国际产能合作、服务“一带一路”、促进合作国青年高水平就业的本质特征。强能重技，要求不断拓展鲁班工坊办学内涵，不断增强国赛的国际影响，探索综合实训教学，密切中外教师在职业技能、专业技术领域的交流互动，共研共享，实现鲁班工坊促进合作双方广泛开展“技能社会”建设局面，形成职业能力培养互鉴互促共同体。

4. 产教融合原则

鲁班工坊建设，要发挥国内外，特别是合作国当地行业企业的重要作用，促进人才培养和产业需求结合，培养合作国产业发展、企业生产、职业岗位需要的技术技能人才，实现产业、行业、企业、职业、专业的“五业联动”，为增强合作国人力资源能力、企业竞争力提供服务。

鲁班工坊，将产教融合、校企合作作为促进合作国经济社会发展的重要措施，贯穿技术技能人才开发全过程。发挥天津职业教育“党委主导、政府主导、行业主办、教育主管、企业主体”的“五主体制”的办学优势，发挥政、行、企、校、研的“五方携手”的合力机制，引导鲁班工坊的国际化产教融合、全球化校企合作项目落地实施。

紧密的产教融合、深度的校企合作，是鲁班工坊项目成功建设的重要标志。加强产教融合，要不断推进人力资源供给侧结构性改革，构建国际性产教融合联盟、全球化校企合作平台，推进经济转型升级，培育经济发展新动能，实现鲁班工坊的战略目标。

5. 因地制宜原则

已建成的鲁班工坊，覆盖亚欧非三大洲。葡萄牙鲁班工坊服务先进制造业，开设工业机器人、自动化技术类专业，面向本科层次、专业硕士的应用型、复合型、创新型技术技能人才培养。非洲吉布提职业教育发展不均衡，高等职业教育刚刚起步，开设的铁道（高铁）技术类、物流管理服务类专业在当地还没有专业目录、专业标准。

不同国家的政治、经济、社会的发展程度不同，其技术技能人才需求层次与程度也不同，特别是合作国教育发展阶段不同，要在统一规范、标准框架下，结合当地实际，考虑合作方合理诉求，共同建设国别特点鲜明、符合当地需要的鲁班工坊。

因地制宜，是与不同地域、不同国家、不同文化传统的合作伙伴共同开展鲁班工坊项目建设的现实境况需要。坚持核心要义，调适建设规范，完善建设标准，因地制宜，针对性服务，最为关键。

鲁班工坊，是中国职业教育在世界教育合作、国际产教融合领域开辟先河的大事，是近代以来中国职业教育发展史上具有里程碑意义的大事。鲁班工坊，将坚持品牌要义，完善建设标准，拓展办学内涵，在新时代新征程上，承担新使命，取得新成效。

第二章 / 亚洲鲁班工坊

章引语

1866年，中国第一所新式学堂“船政学堂”诞生，标志着中国近代职业教育的发轫，中国开启了向法国学习精修造船、向英国学习深究驾驶的探求之路。船政学堂在民族危亡、内忧外患之际，御外图强、师夷制夷的迷蒙理想，是被动采取的“引进来”。

2016年，世界上首个鲁班工坊在泰国揭牌启运，标志着中国职业教育品牌化、系统化、体系化与世界分享，开启了在境外与合作国共建实体机构开展学历教育与技术培训。鲁班工坊源于推进“一带一路”倡议，促进国际产能合作，服务构建人类命运共同体，用中国职业教育优秀方案同世界分享，是主动实施的“走出去”。

历史巧合，从1866年的被动“引进来”，到2016年的主动“走出去”，中国职业教育探索了整整150年。新时代的中国职业教育逐渐走进世界舞台中央。

鲁班工坊是中国职业教育实施国际化、品牌化、系统化、体系化对外交流合作而绘就的“大写意”，是精心设计、精工制作、精雕细刻、精益求精开展国际产教融合而绘制的“工笔画”。鲁班工坊是天津职业教育原创首创，天津职业院校率先组织实施，历经实践探索、理论研究、经验总结、模式推广而创立的中国职业教育国际品牌。

一、项目建设历程

2016 年 3 月 8 日，世界上第一个鲁班工坊在泰国落成，天津院校相继在泰国、英国、印度、印度尼西亚、巴基斯坦、柬埔寨、葡萄牙、吉布提、肯尼亚、南非、马里、尼日利亚、埃及、科特迪瓦、乌干达、马达加斯加、埃塞俄比亚、保加利亚、摩洛哥、塔吉克斯坦等 20 个国家建成 21 个鲁班工坊，遍布亚洲、欧洲和非洲。

2015 年 7 月，教育部与天津市启动共建“国家现代职业教育改革创新示范区”，把提升职业教育国际化水平作为重要任务，鲁班工坊由此起步。2015 年 9 月，王继平与吕景泉、李力交流国际合作“新”平台，专注技术技能“新”项目；吕景泉带领团队启动在海外设立鲁班工坊的前期谋划和方案设计工作。

自 2015 年 9 月至 2018 年 9 月，泰国、印度、印度尼西亚、巴基斯坦、柬埔寨 5 个亚洲国家的鲁班工坊相继建成（柬埔寨鲁班工坊项目建设持续了两年多时间，2018 年 10 月 28 日揭牌启运），这 5 个国家的鲁班工坊涉及了中职层次、高职层次、应用本科和工程硕士，涵盖了机械、自动化、人工智能、新能源汽车、高速铁路等领域的17个专业。在这三年的时间里，亚洲鲁班工坊的坚实探索与成功实践奠定了鲁班工坊"项目建设"与"品牌创建"基础，创设了中国职业教育同世界分享的优质项目，创成了中国职业教育的国际品牌。

2018年9月3日，习近平主席在中非合作论坛北京峰会上宣布，在非洲设立10个鲁班工坊，向非洲青年提供职业技能培训。自此，鲁班工坊建设进入发展新阶段。

1. 世界上首个鲁班工坊——泰国鲁班工坊

2016年3月8日，天津渤海职业技术学院（以下简称"天津渤海学院"）在泰国大城技术学院设立鲁班工坊，目前已经高质量完成了三期建设。在第三期建设中，泰国鲁班工坊率先探索了"一坊两中心"模式。2018年7月18日，天津铁道职业技术学院（以下简称"天津铁道学院"）在泰国大城技术学院建设的"鲁班工坊铁院中心"揭牌启运，建有动车组检修技术、铁道信号自动控制2个专业。至此，泰国鲁班工坊形成6个专业的办学格局。

2017年以来，泰国授予项目建设突出贡献的中方人员吕景泉、芮福宏、于兰平等"诗琳通公主奖"。2017年5月，刘延东、李鸿忠、陈宝生共同接见鲁班工坊建设院校双方院长于兰平、哲仁（泰国）。2017年7月，中央全面深化改革领导小组会议审议通过《关于加强和改进中外人文交流工作的若干意见》，文件明确指出，要在人文交流领域形成鲁班工坊等一批有国际影响力的品牌项目。2018年10月，泰国王室向鲁班工坊所在的大城技术学院颁授"国王奖"。2019年7月，泰国鲁班工坊铁院中心入选“中国–东盟高职院校特色合作项目”。2020年6月，泰国大城技术学院院长哲仁获天津市政府“海河友谊奖”。2021年10月18日，全球首个鲁班工坊——泰国鲁班工坊验收评估会议在天津举行。专家组一致认为，泰国鲁班工坊发展定位准确，建设规划科学，严格遵循鲁班工坊的内涵标准要求，建设与发展基于天津作为国家现代职业教育改革创新示范区的建设成果，开创了中国职教标准、中国职教装备、中国职教方案“走出去”的新模式。泰国鲁班工坊以优异成绩通过评估。2022年8月，首届世界职业技术教育发展大会在天津举办，泰国鲁班工坊的外方建设者哲仁、玛悠丽分别在平行论坛作主旨报告，盛赞项目建设在泰国、东南亚产业界发挥的良好作用，讲述泰国鲁班工坊、EPIP教学模式在泰国、东南亚院校的辐射与影响。2022年9月，哲仁获“中国政府友谊奖”。

2. 亚洲第二个鲁班工坊——印度鲁班工坊

2017年12月8日，天津轻工职业技术学院（以下简称“天津轻工学院”）、天津机电职业技术学院（以下简称“天津机电学院”）两校合作，在印度金奈理工学院建成鲁班工坊。这是在“金砖”国家设立的首个鲁班工坊，也是在境外应用技术大学实施的项目建设，更是两个人口最多的发展中国家在职业教育领域合作的项目。

2018年6月，时任中国驻印度大使罗照辉对鲁班工坊项目进行了考察，评价说：“鲁班工坊有效缓解了在印中资企业用人的燃眉之急，改善了印度学校毕业生的就业状况，有力展现了中国职业教育软实力和技术装备硬实力。”2018年12月，中印高级别人文交流机制首次会议在新德里举行，以鲁班工坊在印度的建设成果为主题，同期举办“中印职业教育合作论坛”。同期，印度 EPIP 教学研究中心揭牌成立。2019 年 5 月，第二届中国–印度职业教育合作论坛在天津轻工学院举行，成立中印职业教育联盟。2019 年 10 月，习近平主席出访印度，在金奈会晤莫迪总理；落地在金奈的印度鲁班工坊成为两国主流媒体关注的焦点，成为中印两国人文交流领域成果的新标度。

3. 亚洲第三个鲁班工坊——印度尼西亚鲁班工坊

2017 年 12 月 12 日，天津市东丽区职业教育中心学校在印度尼西亚东爪哇省波诺罗戈市第二职业技术学校建成鲁班工坊，这是在习近平主席印度尼西亚国会演讲（2013 年 10 月 3 日），首倡共建 21 世纪“海上丝绸之路”所在地建设的鲁班工坊。鲁班工坊为印度尼西亚当地培养急需的技能人才，其教学模式、专业水准、技术装备受到当地院校师生、企业员工的“热捧”。

2017 年 12 月 26 日，“中国–印尼职业学校校长论坛——产教融合对话”在天津举办。2018 年 1 月，印度尼西亚总统佐科考察鲁班工坊项目，给予高度肯定。2018 年 5 月，中国天津–印度尼西亚东爪哇省职业教育发展研究中心揭牌运营。2019 年 12 月，印度尼西亚教育部部长 Nadiem Makariem 考察印度尼西亚鲁班工坊无人机植保机项目，给予高度评价。2021 年 12 月 20 日，在 21 世纪“海上丝绸之路”首创地建设的鲁班工坊——印度尼西亚鲁班工坊顺利通过验收评估。专家组一致认为，印度尼西亚鲁班工坊发展定位准确，建设规划科学，严格遵守鲁班工坊的内涵标准要求。项目建设围绕印尼本土产业发展需求和“一带一路”建设发展要求，在紧缺技能人才培养、人文交流、师资培训、技能竞赛、校企合作等方面取得了良好成效。

4. 亚洲第四个鲁班工坊——巴基斯坦鲁班工坊

2018 年 7 月 22 日，天津现代职业技术学院（以下简称“天津现代学院”）在巴基斯坦旁遮普省技术教育与职业培训局（TEVTA）建成鲁班工坊，这是“中巴经济走廊”建设的重大成果。项目第一期开设电气自动化和机电一体化 2 个专业；揭牌启运仪式上，与当地 8 家企业签订了产教协同育人合作协议。旁遮普省是巴基斯坦工业、农业最发达地区，生产总值占到全国的 60%，其技术教育与职业培训局（TEVTA）下辖近 400 个职业学校。鲁班工坊的建立，在巴基斯坦职业教育领域和工商企业界形成强大的影响力与辐射力。2019 年 7 月，鲁班工坊第二期合作签约仪式暨产教协同育人联盟会议在巴基斯坦举行，海尔-巴鲁经济区与中国天津勇猛机械、中国中天大地科技等 11 家中资、巴资企业参加合作项目签约。

2022 年 7 月 28 日，天津现代学院与巴基斯坦木尔坦 MNS 农业大学共同建设的鲁班工坊农业机械项目签署合作备忘录。巴基斯坦鲁班工坊力图打造“一省两坊多功能”建设布局，在巴基斯坦的超级大省旁遮普省会拉合尔和农业城市木尔坦分别建设鲁班工坊，持续推进“学历教育 + 职业培训”，服务“中巴经济走廊”技术技能人才培养。

5. 亚洲第五个鲁班工坊——柬埔寨鲁班工坊

澜湄职业教育培训中心暨柬埔寨鲁班工坊，是 2016 年 3 月 23 日由时任国务院总理李克强在海南主持“澜沧江-湄公河”合作（以下简称“澜湄合作”）首次领导人会议时提出的建设项目。2016 年 12 月，天津中德应用技术大学代表天津市政府承接外交部、教育部项目建设任务。

2018年10月28日，中央政治局委员、时任天津市委书记李鸿忠出席项目揭牌启运仪式。柬埔寨鲁班工坊首期开设专业为机电一体化和通信技术2个专业，建成机械加工技术、机电一体化技术、通信技术3个实训中心，共计18个实训室，总建筑面积6 814平方米。项目建设目标是建成立足柬埔寨、服务澜湄五国、辐射东盟十国，集职业教育、职业培训、科学研究、创新创业“四位一体”市场化运作的职业教育中心。2019年7月，柬埔寨王国政府授予鲁班工坊项目所在学校——柬埔寨国立理工学院负责人军官头衔勋章，首相洪森在证书上亲笔签名。同年，项目入选“中国-东盟高职院校特色合作项目”。

二、项目建设布局

2020年10月27日，中国外交部政策规划司和世界知识出版社在北京共同举办2020年版《中国外交》白皮书媒体见面会。白皮书对鲁班工坊项目建设取得的成效给予了展示与肯定。

紧贴需求，服务大局，系统谋划，质量为先，这既是鲁班工坊项目建设的发展策略，也是鲁班工坊品牌创建的至要方略。其中，服务大局、质量为先是关键。

1. 空间布局

鲁班工坊的第一个项目落户在亚洲，泰国大城成为鲁班工坊的“首城”。

继泰国之后，相继在印度、印度尼西亚、巴基斯坦、柬埔寨等5个亚洲国家建设了鲁班工坊，目前都取得了非常好的成效（参见《2020年鲁班工坊建设与发展报告》）。

亚洲东南部，即东南亚，人口近7亿，是亚洲乃至世界当今及未来发展的黄金地带，也是国际产能合作、“一带一路”建设的首要区域。在东南亚，主要是东盟十国，已经建设了泰国、印度尼西亚和柬埔寨3个鲁班工坊。

亚洲的南部，即南亚，包括7个国家，人口约18亿。印度和巴基斯坦是此区域的重要国家，印度人口约14亿，巴基斯坦2亿多。已经建成的印度鲁班工坊、巴基斯坦鲁班工坊，都是具有重要战略意义的项目。

另外，位于欧亚大陆北部、地跨欧亚两大洲、四分之三领土在亚洲的俄罗斯，对于整个亚洲和世界具有重要意义。2020年9月，天津电子信息职业技术学院与俄罗斯国立通信与信息技术大学签约合作，共同建设拥有通信技术、计算机网络技术专业的俄罗斯鲁班工坊。

亚洲的中部，即中亚，主要是5个“斯坦”国家（哈萨克斯坦、吉尔吉斯斯坦、塔吉克斯坦、乌兹别克斯坦和土库曼斯坦），其中哈萨克斯坦、吉尔吉斯斯坦、塔吉克斯坦、乌兹别克斯坦均是上海合作组织成员国；伊朗已启动加入上海合作组织的正式程序。习近平主席在上海合作组织成员国元首理事会第二十一次会议上提出：未来3年，中方将向上海合作组织国家提供1 000名扶贫培训名额，建成10所鲁班工坊，……。为推进“一带一路”倡议同欧亚经济联盟对接，科学谋划中亚地区鲁班工坊项目建设进入了快车道。目前，上海合作组织除中国之外的7个正式成员国已经实施了3个鲁班工坊项目建设。

2022年2月5日，习近平主席会见土库曼斯坦总统别尔德穆哈梅多夫，提出中方愿加快在土库曼斯坦设立鲁班工坊，帮助土方培养更多高素质技能人才。同日，习近平主席会见塔吉克斯坦总统拉赫蒙，提出中方愿加快在塔建成中亚首家鲁班工坊。2022 年 2 月 6 日，习近平主席会见吉尔吉斯斯坦总统扎帕罗夫，提出中方愿尽快在吉建成鲁班工坊，帮助吉方培养更多专业技能人才。

2022 年 9 月 13 日，习近平主席在乌兹别克斯坦《人民言论报》等媒体发表题为《携手开创中乌关系更加美好的明天》的署名文章，指出，加快互设文化中心和在乌兹别克斯坦设立鲁班工坊……同日，习近平主席在《哈萨克斯坦真理报》发表题为《推动中哈关系在继往开来中实现更大发展》的署名文章，指出，哈萨克斯坦将建成传统医学中心和鲁班工坊……2022 年 9 月 14 日，习近平主席与哈萨克斯坦总统托卡耶夫共同发布会谈声明指出，双方一致同意研究在哈开设鲁班工坊的可能性，为两国教育领域合作注入更多动力。2022 年 9 月 15 日，习近平主席会见乌兹别克斯坦总统米尔济约耶夫，提出中方愿加快互设文化中心和鲁班工坊建设，讲好新时代中乌友好故事。2022 年 9 月 15 日，习近平主席会见土库曼斯坦总统别尔德穆哈梅多夫，提出中方愿早日在土库曼斯坦设立鲁班工坊。2022 年 11 月 29 日，塔吉克斯坦鲁班工坊落成。鲁班工坊项目建设，开启了“聚焦中亚，继推非洲”的发展新征程。

2. 专业布局

亚洲鲁班工坊项目建设和专业布局，综合考虑各国政治安全、经济发展、资源禀赋、教育现状等多方面情况，特别是当地产业企业需要，扎实推进。

泰国鲁班工坊：共计 6 个专业，以高等职业教育为主体。一期建设有机电一体化技术专业；二期建设有物联网技术专业、数控技术专业和新能源汽车技术专业；三期建设有高速铁道信号自动控制专业、铁道交通运营管理专业。

印度鲁班工坊：共计 4 个专业，以本科工程应用为主体。包括数控设备应用与维护专业、光伏发电技术与应用专业、机械设计与制造（3D 制作）专业、工业机器人技术专业。

印度尼西亚鲁班工坊：共计 3 个专业，以中等职业教育为主体。包括汽车维修技术专业、新能源汽车专业、中餐烹饪专业。

巴基斯坦鲁班工坊：共计 2 个专业，以中等职业教育为主体。包括电气自动化技术专业、机电一体化技术专业。

柬埔寨鲁班工坊：共计 2 个专业，以本科工程应用及硕士教育为主体。包括机电一体化技术专业、通信技术专业。

截至 2021 年底，亚洲已经建成的 5 个鲁班工坊合作专业数量为 17 个，专业布局体现了中国产业与技术在人工智能、新能源、高铁、移动通信等领域的优势地位。亚洲鲁班工坊的项目建设和专业布局，服务合作国家经济社会发展需要，服务亚洲青年技术技能培养培训和高质量就业，服务“一带一路”与欧亚经济对接合作。

三、亚洲典型项目

亚洲鲁班工坊项目建设的过程，就是中国职业院校与境外合作伙伴一起探索实践，高标准实现鲁班工坊核心要义内涵和高水平实现“交流互动平台”功能的过程。可以说，亚洲鲁班工坊是鲁班工坊项目建设、品牌创建的奠基者、开拓者和引领者。

1. 泰国鲁班工坊的奠基开拓作用

鲁班工坊项目建设，坚持品牌化推动、标准化建设、规范化管理、精准化服务，以“12345”诠释鲁班工坊核心要义。鲁班工坊的“12345”，是一块品牌、两种功能、三条路径、四个内涵、五项原则（其详细阐释参见专著《鲁班工坊（LUBAN WORKSHOP）解析》）。

泰国鲁班工坊，高质量探索并实现了鲁班工坊核心要义，高质量诠释并呈现了鲁班工坊核心要义的实现路径。

2016 年 5 月，泰国鲁班工坊揭牌启运两个月之后，“工程实践创新项目（EPIP）体验中心”在天津渤海学院建成。该中心总占地面积 1 300 平方米，包括机器人创新互动区、电脑鼠走迷宫竞赛区、POWERON 实训区、智能制造学习区、自动化生产线教学区、新能源汽车技术体验区等六大区域，以工程实践创新项目（EPIP）教学模式为主线，集“教、学、做、赛、训”为一体，为专项技术教学、核心技术应用、综合实训教学、真实任务驱动、完整项目集成的教育教学体验树立了标杆。

2016 年 10 月，“中泰职业教育研究中心”揭牌启运仪式在天津渤海学院“工程实践创新项目（EPIP）体验中心”举行。该研究中心以鲁班工坊为载体，致力于推动中泰职业教育办学理念交流、教学成果交流和管理模式借鉴，在东南亚推广先进职业技术教育。

2017 年 5 月，工程实践创新项目（EPIP）国际教育联盟成立大会在天津渤海学院举行。联盟聘任英国伯明翰城市大学、美国麻省理工学院、德国费斯托公司、法国图卢兹大学、芬兰国家科学研究院、波兰欧洲-亚洲商业教育基金会、泰国大城府基础教育服务部、柬埔寨国立理工学院、葡萄牙里斯本理工学院、塞图巴尔理工学院等单位的60多名境外专家和20余名中方专家为成员。2018年1月，“鲁班工坊研究与推广中心”在天津渤海学院设立，该中心分别在泰国设立了EPIP教学研究中心、天津职业院校学生海外（泰国）实践拓展基地。截至2022年6月，EPIP国际教育联盟已经举办五届国际教育年会，主办了“鲁班工坊”与产教融合国际论坛、“中国天津-泰国大城周”等活动。天津渤海学院连续5年举办IEEE电脑鼠走迷宫国际邀请赛及“鲁班锁”拆装挑战赛（泰国）等活动。

2017年8月，天津渤海学院开发的机电一体化国际专业教学标准与教学资源，通过了泰国教育部职业教育委员会的审核答辩，被纳入泰国国民教育体系。2019年8月，由天津渤海学院主导开发的物联网技术、数控技术、新能源汽车技术，以及由天津铁道学院主导开发的（高铁）动车组检修技术和铁道信号自动控制技术国际化专业获得泰国教育部职业教育委员会认证。至此，泰国鲁班工坊的6个国际化专业全部被纳入泰国国民教育体系。同时，泰国鲁班工坊已经成为每年一度的中国“全国职业院校技能大赛”在境外的延伸赛场，不仅服务泰国职业院校师生，而且已经辐射到泰国周边乃至其他东盟国家，推动了中国技能赛事的国际化发展进程。

2018年，天津渤海学院牵头的项目“开发国际化专业教学标准，创设‘鲁班工坊’ 职业教育国际合作的研究与实践”，获得职业教育国家级教学成果奖一等奖。

天津渤海学院率先实施的泰国鲁班工坊项目建设，坚持了鲁班工坊四个内涵，实现了鲁班工坊的两种功能，并通过扎实实践，确立了鲁班工坊品牌标识，验证了鲁班工坊核心要义方案的可行性和科学性，树立了鲁班工坊从理论到实践的建设标杆。

◉ “开发国际化专业教学标准，创设‘鲁班工坊’ 职业教育国际合作的研究与实践”荣获职业教育国家级教学成果一等奖

2. 印度鲁班工坊的开拓引领作用

印度鲁班工坊，是天津轻工学院、天津机电学院两所高职院校与印度金奈理工学院共同建设的项目。项目启动之初，印度鲁班工坊与中国中材国际工程印度公司、中国中天科技印度公司、中国巨轮印度公司、中国天津天锻压力机印度公司、中国昇龙生物科技印度公司等 5 家大型在印中资企业签署订单培养协议，培养在印中资企业急需的技术人才，率先实现了国际化产教融合、校企合作的人才共育，提升了鲁班工坊服务的适应性和针对性。

印度鲁班工坊服务定位有三：一是在印度金奈开展学历教育与技术培训，直接服务以金奈为中心的泰米尔纳德邦工业发展；二是服务中印国际产能合作，为当地近 300 家中资企业及当地企业提供技术技能人才；三是服务中国职业教育与印度的合作交流。印度鲁班工坊在印度成立了

“中国天津职业院校师生海外拓展基地”和“工程实践创新项目（EPIP）教学研究中心”，天津轻工学院通过项目平台系统研究了“印度职业资格框架制度”和“《学徒制》法案”，成果已经在学术期刊发表。

印度鲁班工坊项目建设，首次实施境外合作伙伴“遴选制”。受到政治、经济、文化和宗教信仰等多方面因素的影响，在国外合作办学有诸多不确定因素，需要合作双方建立良好的相互认同和信任关系。鲁班工坊的合作主体是双方院校。在境外合作伙伴的遴选过程中，印度鲁班工坊借鉴了英国鲁班工坊的经验，探索了“五认同”，即基于合作方对于中国经济社会发展的认同（一认同），对于中国产业发展与技术创新的认同（二认同），对于中国优秀传统文化与人类命运共同体的认同（三认同），特别是对于中国职业教育促进经济社会发展的有力有效作用的认同（四认同），以及对于中国特色国际视野的教学模式、国际化专业框架标准、中国优质技术装备和教学资源的认同（五认同）。在此基础上双方开展平等合作，相互尊重，共同商讨项目合作方式、工坊实施路径、专业整合设计、课程综合嵌入、资源有效利用、教学研究开展等，为鲁班工坊的建设运行提供主体支撑与基础保障。

2016 年 5 月，印度方面 5 家院校和教育机构应邀来华，参加中印职业教育交流研讨会暨鲁班工坊信息发布与项目伙伴遴选活动，经过中印双方的深度交流、过程评价、条件比对、三个月的沟通评判，金奈理工学院最终被选定为项目合作伙伴。金奈理工学院是印度技术教育委员会批准并认可的全国较好的理工学院之一。依据泰米尔纳德邦地区经济和产业发展状况及该地区中资企业情况，由金奈理工学院申请提出，中印双方三所高校研究确定了光伏发电技术与应用、数控设备应用与维护、工业机器人技术、机械设计与制造（3D 制作）4 个国际化专业作为合作专业。

2016年11月，“印度鲁班工坊EPIP师资研修班”的首批6名印度骨干教师经金奈理工学院推荐，来到天津，分别接受天津轻工学院、天津机电学院的标准化进阶式培养培训。6名印方教师与中国教师围绕EPIP应用主线，完成了4个专业为期一个月的培训，培训内容包括专业理论学习、专业实践训练、企业实地考察、实施方案制订，为项目建设走深走实储备了印度本土专业教师。2017年7月、2017年12月、2018年5月、2019年5月，持续开展了“印度鲁班工坊EPIP师资研修班”第二期、第三期、第四期、第五期培养培训，其中在华三期，累积培训14人次；在印度现场两期，累积培训18人次。从技术装备选择、设备安装调试、技能竞赛观摩到直接参加中国国赛获奖，从专业教师参与，到师生共同参加，从国际化专业教学标准认定，到人才培养方案制订，从共同开发国际化教学资源和双语教材，到优化学生培养、员工培训评价方式，从规范鲁班工坊项目管理，到其自主运行自主发展，“工程化”“实践性”“创新型”“项目式”理念融入了项目建设，实现了印度本土教师实施本土化教学、本土化培训的建设目标，为鲁班工坊在印度本土“健康生活、长命百岁”打下坚实基础。

2018年，天津轻工学院牵头申报的课题“‘一带一路’视域下海外鲁班工坊建设的标准化模式研究”、天津机电学院牵头申报的课题“基于‘工程实践创新项目（EPIP）’的教学模式研究与实践”获批教育部重点课题。2021年、2022年，两个课题已经相继结题。

天津轻工学院、天津机电学院牵头实施的印度鲁班工坊项目建设，坚守了“五共”机制，即共研、共建、共享、共用、共赢，坚持了五项原则，即平等合作、优质优先、强能重技、产教融合、因地制宜，并通过扎实探索，丰富了鲁班工坊核心要义的实践内涵，提供了鲁班工坊生动鲜活的成果案例。

◉ 鲁班工坊建设·体验馆主厅——泰国鲁班工坊展区

◉ 泰国鲁班工坊留学生在天津渤海职业技术学院

第三章 / 鲁班工坊研究

章引语

2016年1月，《天津职业院校联合学报》刊发了吕景泉教授题为《“五大理念”引领国家现代职业教育改革创新示范区发展》的文章，文章提出天津职业教育的国际化发展已经步入了从低水平国际交流与合作迈向高水平国际交流与合作的发展阶段。

在输入方面，以国际化综合要素深度融入教育教学全过程为着力点，继续借鉴世界技能大赛、国际化技能赛事的比赛制度和运行模式，建设并实施100个国际化专业教学标准。

在输出方面，围绕国家“一带一路”倡议，配合中国企业“走出去”，开发配套教学标准和教学资源，通过合作办学等形式将先进职业教育技术和职业文化，采取学历教育与职业培训的方式输出国门与世界分享，促进输入国对我国技术技能、企业标准的认知、理解与接纳，助推中国企业提升国际竞争力。到2020年，通过鼓励有条件学

> 校积极拓展海外职业教育市场，在境外建设10个左右鲁班工坊。
>
> 这是论文刊著中首次阐释“鲁班工坊”的概念内涵、项目意义、必要条件、推进措施和任务目标。

一、鲁班工坊品牌创成

2016年，世界上首个鲁班工坊在亚洲泰国揭牌启动运行，欧洲第一个鲁班工坊、非洲第一个鲁班工坊相继启动运行。鲁班工坊开启在境外建立实体机构开展学历教育与技术培训，将中国职业教育的模式、标准、装备、教材与世界分享，实现了中国职业教育真正意义的走出国门。

天津职业教育走过了单纯借鉴国外理念、直接模仿国外模式、简单套用国外经验的初级阶段，从最初的模式盲从、标准依赖、装备模仿、教材引进，坚实地走上自主创建模式、合作制定标准、协作研发装备、协同开发教材，与世界分享中国本土化创新成果的高级阶段，构建起天津气质、中国特色、世界水平的职业教育话语体系、标准体系，形成了与世界分享的产教融合、服务发展的整体解决方案，承担起代表中国职业教育实施品牌化输出的大任。也可以说，中国职业教育步入了从低水平国际交流与合作迈向中高水平国际交流与合作的新阶段，国际优质职业教育资源的“输入”和以天津为代表的中国优质职业教育资源的“输出”并举，成为中国职业教育深化改革、扩大开放，实施新时代高质量发展的新特征。

2018 年 9 月 3 日，习近平主席在中非合作论坛北京峰会上宣布，将在非洲设立 10 个鲁班工坊。这个时“光”点的来临，是建立在天津职业教育于 2015 年 9 月开启的项目创设、方案研制、路径探索、模式建设、内涵优化、政策保障的探路研究基础之上；是建立在天津渤海学院于 2016 年 3 月 8 日在泰国成功创建首个鲁班工坊，12 月 2 日刘延东出席推进职业教育现代化座谈会，高度肯定天津实施鲁班工坊品牌建设的首创实践基础之上；是建立在天津第二商业学校、天津轻工学院与天津机电学院（两校合建）、天津市东丽区职业教育中心学校分别于 2017 年 5 月 18 日、12 月 8 日、12 月 12 日在英国、印度、印度尼西亚建立鲁班工坊的成功探索，9 月 8 日，时任国务院总理李克强听取项目汇报，给予高度肯定及亲切嘱托基础之上；是建立在教育部职成司与天津市教委于 2018 年 1 月 10 日在天津揭牌启动运行“鲁班工坊研究与推广中心”的深化研究，5 月 6 日，时任国务院副总理孙春兰在天津轻工学院考察“鲁班工坊建设体验馆”，会见中外项目负责人并指导项目建设，对项目给予充分肯定基础之上；是建立在天津现代学院、天津铁道学院分别于 2018 年 7 月 18 日、7 月 22 日在巴基斯坦成功建立第五个鲁班工坊、在泰国鲁班工坊续建“铁院中心”的创新实践基础之上。

2018 年 12 月 5 日，习近平主席在里斯本见证签署葡萄牙鲁班工坊建设协议。鲁班工坊登陆葡萄牙，这是继英国鲁班工坊之后在欧洲建立的第二个鲁班工坊，其专业合作领域是自动化与机器人技术，办学层次是本科与研究生应用型工程教育。葡萄牙鲁班工坊的建立，标志着以天津市为代表的中国职业教育在先进制造、人工智能领域所积累的产教融合、校企合作的教学成果得到西方先进国家的认可；标志着中国特色职业教育的教学模式、装备标准、专业资源和师资水平，经过天津市的国家职业教育改革创新示范区建设，已经上升到一个新的高度。

2019 年 4 月 25 日，习近平主席在北京会见埃及塞西总统时提出，中方将在埃及设立鲁班工坊，向埃及青年提供职业技能培训。非洲鲁班工坊开启全面建设阶段。

鲁班工坊，是天津市职业教育原创首创，天津市职业院校率先组织实施，历经实践探索、理论研究、经验总结、模式推广而创立的中国职业教育国际品牌。鲁班工坊，是将中国职业教育的教学模式、专业标准、技术装备、教学方案与世界分享的实体化平台，其核心目标是培养合作国经济社会发展急需的高素质技术技能人才，为“一带一路”倡议服务，为国际产能合作服务，为构建人类命运共同体服务。鲁班工坊，为合作国培养熟悉中国技术、了解中国工艺、认知中国产品的当地技术技能人才。

鲁班工坊，源自天津，成在中国，功予世界！

二、鲁班工坊标识设计

鲁班工坊的品牌标识设计，采用了“天圆地方”的中国传统理念，以圆形和方形为基本图形，用“金镶玉”方式进行总体设计。背景采取多图形的组合，把祥云、书本、阶梯、滴水檐叠融在一起。

品牌标识的“呈现版”，采用世界上首个鲁班工坊（泰国鲁班工坊）的文字信息为样例，把中国院校和外方院校名称分别用中、泰、英三种语言环绕在外沿环形里。环形上方是中国院校的中文名称，下方是外方学校的中文名称，左右两侧分别是中外学校的所在国语言（泰语）和英文名字。中央位置的方框内是“鲁班工坊”的中文，字体为汉隶，其上方为英文“LUBAN WORKSHOP”，方框下方是项目揭牌启运时间。外沿环形和中央方形之间用祥云和书籍等图案组合连接，寓意吉祥和工坊气质。

鲁班工坊品牌标识于 2016 年 5 月 5 日完成作品版权登记。该品牌标识融合了多种中国传统文化元素。

1. 金镶玉元素

标识设计者借鉴了 2008 年北京奥运会的奖牌设计理念“金镶玉”。“金”为嵌底，“玉”为嵌件，既寓意了以“金镶玉”为代表的中国传统技艺，又喻示了中国传统文化中的“金玉良缘”，象征友好之树常青。

“金”部分，外沿环形部分共分为六个区块，六个区块紧密相连，寓意“六合”。贾谊有云：“履至尊而制六合。”其中“六合”意指上、下和东西南北四方，泛指天下，寓意世界各国友好为邻。

“玉”部分，仍取圆形作为基本图形元素，有“果实”“圆满”之意，寓意两国在职业教育领域合作项目取得的圆满成功。此外，“玉”元素借用中国玉文化中“黄金有价玉无价”的传统说法，既寓意鲁班工坊具有不可限量的发展前景，是职业教育的“无价之宝”，也表明了世界职教人“要在有限的平台创造无限可能”的信心、决心。

2. 书法元素

“鲁班工坊”字样为汉隶字体，特征为取横势，突出横画，给人以雄放洒脱之感。“取横势”意在彰显“联合”之意，字体扁宽，恰似展开的双臂，凸显中华文明的博大胸怀。

3. 字体颜色

字体及标识整体采用赭石色，使图案厚重，暗合中国传统文房文化中的墨色晕染效果，也与世界上普遍认同的“赭石原理”相吻合。赭石色建筑的颜色象征受过良好教育、具备精神风范的人群，低调而有品位，也恰合技术技能人才将成为“赭石阶层（精湛工匠）”的期冀。

4. 匾额设计

中文“鲁班工坊”置于标识正中的竖向匾额上。

匾额，是古建筑的必要组成部分，相当于古建筑的眼睛。匾额悬挂于门屏上做装饰之用，反映建筑的名称和性质，表达义理、情感的艺术形式。

“鲁班工坊”四字匾额，既阐明了建筑的名称和性质，又寄托了我们对鲁班工坊发展的美好愿望。鲁班工坊作为与世界分享职业教育的一种形式，匾额元素含“门户”“宣扬”之意。

5. 其他元素

在标识的环形和方形之间，层叠有致的图案像一个大写的字母 C，既可理解为中国“China”的首字母，寓意鲁班工坊的母体和依托，也寓意“结合”—“Combination”的首字母，表征国际合作，共融共通。

标识中错落层叠的图案融合了祥云、书本、阶梯、滴水檐四种文化元素。祥云寓意吉祥如意，也暗合2008年北京奥运会祥云火炬设计，取意“传递”，薪火相传，享誉全球。祥云图案，也寓意网络的云端，与滴水檐共同寓意“互联网 + 先进制造”的美好画卷。书本取自中国传统文房文化，阶梯层叠，取意俄国作家高尔基名言“书籍是人类进步的阶梯”，书本阶梯层叠象征知识和学习，寄语走入鲁班工坊的莘莘学子，要知识与技能并重，相辅相成。滴水檐代表中华传统建筑技艺，彰显了工匠的智慧，它兼具防水、排水、保护檐头等作用，还增加了建筑的美感。标识中的滴水檐元素展示了古代工匠的奇思妙想和精深技艺，反映出实用性与美观性兼具的“匠心”，为鲁班工坊的学子们提出了磨炼技能的更高标准。

上述四个元素既体现了中国优秀传统文化，又体现了理论与实践并重、工程实践创新项目（EPIP）教育教学理念。

三、研究论文

鲁班工坊，自2015年9月启动项目研究以来，至2022年9月，已经走过了7年的实践历程。在这7年里，广大职业教育实践探索者、理论研究者、经验总结者、模式推广者都在关注鲁班工坊项目建设，特别是“四个内涵”，涌现出大量研究文章和一批研究论著，呈现出“激爆”场面。

1. 以“鲁班工坊”为主题

《“五大理念”引领国家现代职业教育改革创新示范区发展》，发表于《天津职业院校联合学报》2016 年第 1 期。

《“鲁班工坊”——职业教育国际化发展的新支点》，发表于《中国职业技术教育》2017 年第 1 期。

《服务“一带一路”，职业教育的新作为——“鲁班工坊”》，发表于《天津职业院校联合学报》2018 年第 1 期。

《鲁班工坊——中国职业教育国际知名品牌》，发表于《天津职业院校联合学报》2019 年第 1 期。

《鲁班工坊建设的动因、内涵与特征分析》，发表于《中国职业技术教育》2019 年第 28 期。

《鲁班工坊的核心内涵——中国职业教育的国际品牌》，发表于《天津职业院校联合学报》2020 年第 1 期。

《非洲鲁班工坊项目建设、发展策略及管理政策研究》，发表于《职业教育研究》2021 年第 5 期。

《亚洲鲁班工坊项目建设、品牌创建及推广应用研究》，发表于《职业教育研究》2021 年第 10 期。

《欧洲鲁班工坊项目建设、专业布局及发展策略研究——论坚持鲁班工坊品牌质量，完善鲁班工坊建设标准》，发表于《职业教育研究》2021 年第 11 期。

《鲁班工坊溯源，国际品牌创成，内涵要义构建，发展策略研究——再论坚持鲁班工坊核心要义，完善建设标准，拓展办学内涵》，发表于《天津职业院校联合学报》2021 第 9 期。

《鲁班工坊核心要义的致用之道：认知、行动与策略——以埃塞俄比亚鲁班工坊为例》，发表于《职业教育研究》2021 第 9 期。

《鲁班工坊核心要义的构型及特征解析》，发表于《职业教育研究》2022 年第 6 期。

《构建中国职业教育的国际话语——写在首届世界职业技术教育发展大会召开之际》发表于《职业教育研究》2022 年第 8 期。

《试析“鲁班工坊”实践与理论创新的逻辑机理、实现路径》，发表于《天津职业院校联合学报》2022 年第 7 期。

……

◉ 以“鲁班工坊”为主题的重要研究论文

2. 以“工程实践创新项目（EPIP）”为主题

《工程实践创新项目（EPIP）教学模式的研究与实践》，发表于《中国职业技术教育》2017 年第 5 期。

《工程实践创新项目教学模式实施中存在的问题与对策》，发表于《职业技术教育》2019 年第 29 期。

《工程实践创新项目（EPIP）教学模式应用研究——以高速铁道技术类专业与课程建设为例》，发表于《天津职业院校联合学报》2020

年第 10 期。

《EPIP 教学模式的课程论探究》，发表于《天津职业院校联合学报》2020 年第 11 期。

《EPIP 教学模式的专业论探究》，发表于《天津职业院校联合学报》2020 年第 12 期。

《论工程实践创新项目（EPIP）教学模式的“工程化”——从陶行知的生活教育思想说起》，发表于《中国职业技术教育》2021 年第 2 期。

《EPIP 教学模式的教育论探究》，发表于《天津职业院校联合学报》2021 年第 4 期。

《工程实践创新项目（EPIP）的核心要义》，发表于《天津职业院校联合学报》2021 年第 6 期。

《工程实践创新项目（EPIP）国际教育联盟：发展路径、效应与展望》，发表于《职业教育研究》2021 年第 11 期。

《谈职业院校新教师入岗训练与“双师型”素质教师、“双师型”结构团队培养——EPIP 视域下“双师型”教师队伍的培养机制与路径》，发表于《职业教育研究》2022 年第 2 期。

《工程实践创新项目（EPIP）教学模式的逻辑演进与未来面向——试论中国职业教育的国际话语“EPIP 教学模式”的创建创成》，发表于《职业教育研究》2022 年第 8 期。

《工程实践创新项目（EPIP）的技术哲学基础探微》，发表于《职业教育研究》2022 年第 8 期。

……

成果团队发表鲁班工坊、EPIP 主题论文 60 余篇，全面阐释鲁班工坊核心要义、标准体系、发展策略及 EPIP 教学应用等，对于推广项目

◉ 以“工程实践创新项目（EPIP）”为主题的重要研究论文

成果做出突出贡献。

3. 以“国际化专业教学标准”为主题

《国际化专业教学标准创建初探》，发表于《职教通讯》2016 年第 5 期。

《高职机电一体化国际化专业教学标准探索实践与思考》，发表于《中国职业技术教育》2016 年第 23 期。

……

4. 以“全国职业院校技能大赛”为主题

《回顾与展望：全国职业院校技能大赛发展研究》，发表于《中国职业技术教育》2018 年第 16 期。

《世界职业院校技能大赛设立与实施的前提性思考》，发表于《中国职业技术教育》2022 年第 22 期。

……

四、专业著述

1. 以“鲁班工坊”为主题

2017 年 5 月，《鲁班工坊——职业教育国际合作新支点》出版，该书详细记录了天津渤海学院与泰国大城技术学院创建世界上首个鲁班工坊的历程。

2018 年 10 月，《鲁班工坊》出版，该书全面记录了鲁班工坊的建设进程、内涵标准、工作路径、业绩成效等，成为第一本完整阐释鲁班工坊理论体系和实践案例的书籍。

2019 年 9 月，《鲁班工坊核心要义——中国职业教育的国际品牌》出版，该书入选“中华文化走出去工作重点任务清单项目”，也是教育部重点课题“‘一带一路’视域下海外鲁班工坊建设的标准化模式”的重要成果。

2020 年 8 月，《KEY PRINCIPLES OF LUBAN WORKSHOP》英文

版专著由英国新经典出版社（New Classic Press）出版发行；2021 年 3 月，该专著的葡萄牙语版出版发行。

2020 年 10 月，《2020 年鲁班工坊建设与发展报告》出版，聚焦泰国鲁班工坊等 8 个项目，从项目的建设模式、人才培养、校企合作和人文交流等方面进行了深入分析，分析成功经验，分析制约因素，提出改革策略。

2021 年 5 月，《鲁班工坊（LUBAN WORKSHOP）解析》出版，对鲁班工坊进行了解构、解析，多维度、情景化、现场式、史诗性阐释了鲁班工坊项目建设、品牌内涵、发展策略和管理模式。

2022 年 1 月，《鲁班工坊研究：溯源 · 要义 · 标准 · 策略——吕景泉“鲁班工坊”主题论文集》出版，吕景泉教授作为鲁班工坊的首倡者，回溯鲁班工坊的探索过程，开展鲁班工坊的溯源、要义、标准、策略研究，具有十分重要的现实意义；回望鲁班工坊的实践探索、理论研究、经验总结、模式推广历程，从首倡者“我”的视角，依傍时间顺序，依照实践逻辑，依凭研究脉络，“原汁原味”集结自 2014 年至 2021 年 12 月饱含鲁班工坊激变与理性“韵味”的文字篇什，具有十分重要的理论意义和研究价值。

2022 年 6 月，鲁班工坊国际发展研究系列丛书《鲁班工坊：品牌 · 内涵 · 布局 · 目标（中英双语版）》出版，天津职业技术师范大学鲁班工坊国际发展研究中心（LB_IDRC）为服务首届世界职业技术教育发展大会在天津举办，策划研制了此系列丛书。作为丛书首部专著，该书论述了鲁班工坊品牌项目的总体支撑、品牌内涵的基本构成以及品牌发展的策略遵循；梳理了鲁班工坊在亚洲、欧洲和非洲的建设历程和战略布局；阐释了亚洲的泰国鲁班工坊、印度鲁班工坊，欧洲的英国鲁班工坊、葡萄牙鲁班工坊，非洲的吉布提鲁班工坊、埃及鲁班工坊等典型项目在品牌创成、内涵形成、布局完成、目标达成方面所发挥的基础性、关键性作用；并从中国传统文化视角、班墨文化维度，对鲁班工坊在服务“一带一路”建设、助力人类命运共同体构建过程中的创新性发展、创造性转化做了深度探究和本质思考。丛书采取中英文对照呈现，为国内外鲁班工坊建设者的实践探索、学术研究和国际交流厘定话语标识。

◉以“鲁班工坊”为主题的重要专业著述

2. 以“工程实践创新项目（EPIP）”为主题

2019 年 2 月，《EPIP 职业教育教学模式——改造我们的学习》出版，探讨了作为鲁班工坊建设核心内涵之一的工程实践创新项目（EPIP）教学模式。

2019 年 9 月，《EPIP 教学模式——中国职业教育的话语体系》出版，该书入选“中华文化走出去工作重点任务清单项目”，也是教育部重点课题“基于‘工程实践创新项目’EPIP 教学模式研究与实践”的重要成果。

2020 年 8 月，《TEACHING MODEL OF EPIP》英文版专著由英国新经典出版社（New Classic Press）发行；2021 年 3 月，该专著的葡萄牙语版出版发行。

2021 年 1 月，《工程实践创新项目（EPIP）解析》出版，详述了 EPIP 教学模式的探索、创建过程，阐释了 EPIP 的思考路径、理论基础、内涵要义、体系建构、应用领域和典型案例。

2022 年 6 月，鲁班工坊国际发展研究系列丛书《工程实践创新项目 模式·学理·话语·应用（中英双语版）》出版，天津职业技术师范大学鲁班工坊国际发展研究中心（LB_IDRC）为服务首届世界职业技术教育发展大会在天津举办，策划研制了此系列丛书。作丛书第二部专著，该书论述了鲁班工坊教学模式——工程实践创新项目（EPIP）总体内涵，并从学理层面、话语角度，围绕模式构建、要义构成、应用构架、标识构型和文化传承进行了阐释；讲解了职业教育“工程化”、EPIP“工程化”及 EPIP 国际教育联盟的发展脉络和成果成效；对“工程化”“实践性”“创新性”“项目式”四要素进行了拓展阐释；从宏观、中观、微观层面讲述了 EPIP 教育论、EPIP 专业论和 EPIP 课程论；以“生活教育”视角，论述了 EPIP 教学模式应用对职业教育适应性发展的重大意义。丛书采取中英文对照呈现，为国内外 EPIP 教学模式应用者的实践探索、学术研究和国际交流厘定话语标识。

2022 年 6 月，《EPIP 教学模式——中国职业教育的话语体系》（泰语版）付梓，该书是教育部重点课题“基于‘工程实践创新’项目 EPIP 教学模式研究与实践”的重要成果。

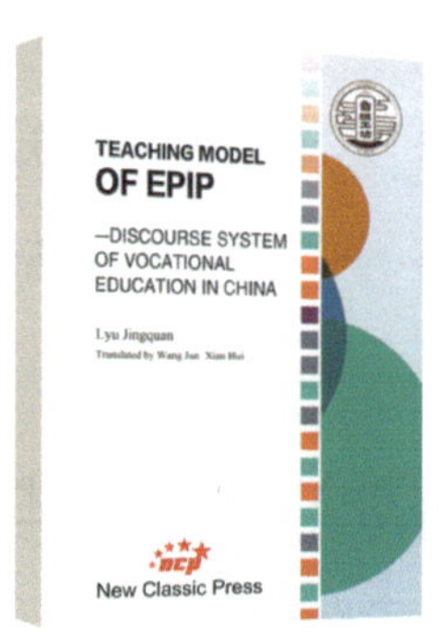

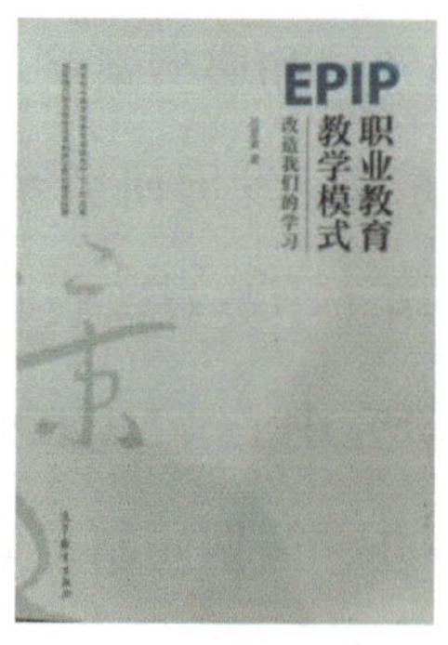

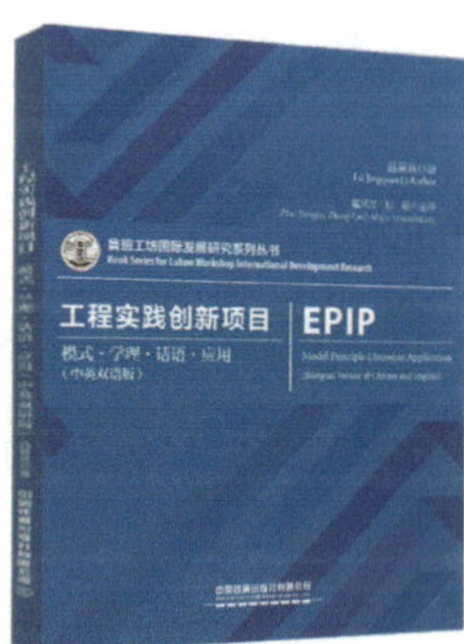

◉以“工程实践创新项目（EPIP）”为主题的重要专业著述

3. 以“国际化专业教学标准”为主题

2015 年以来，《高等职业教育国际化专业教学标准开发与实践》《鲁班工坊建设标准研究》《引领与示范——天津职业教育国际化专业教学标准建设》相继出版，三本论著围绕鲁班工坊的13类专业建设标准体系、105个国际化专业给予标准化指导和规范化引导。

4. 以“全国职业院校技能大赛”为主题

2021年4月，《职业院校技能大赛——中国职业教育的制度创新》出版，该书是教育部重点课题“提升全国职业院校技能大赛国际影响的实践与机制研究”的重要成果。

2021年6月，《技能大赛（ChinaSkills）解析》出版，该书探究大赛对于职业教育改革发展的推动作用，对于职业教育“五业联动”办学模式的促进作用，对于职业教育专业建设、课程改革的引领作用及对于职业教育制度创新、体制创新、评价创新的牵引作用。

◉ 以“全国职业院校技能大赛”为主题的重要专业著述

鲁班工坊“实践探索—理论研究—经验总结—模式推广”时序逻辑图

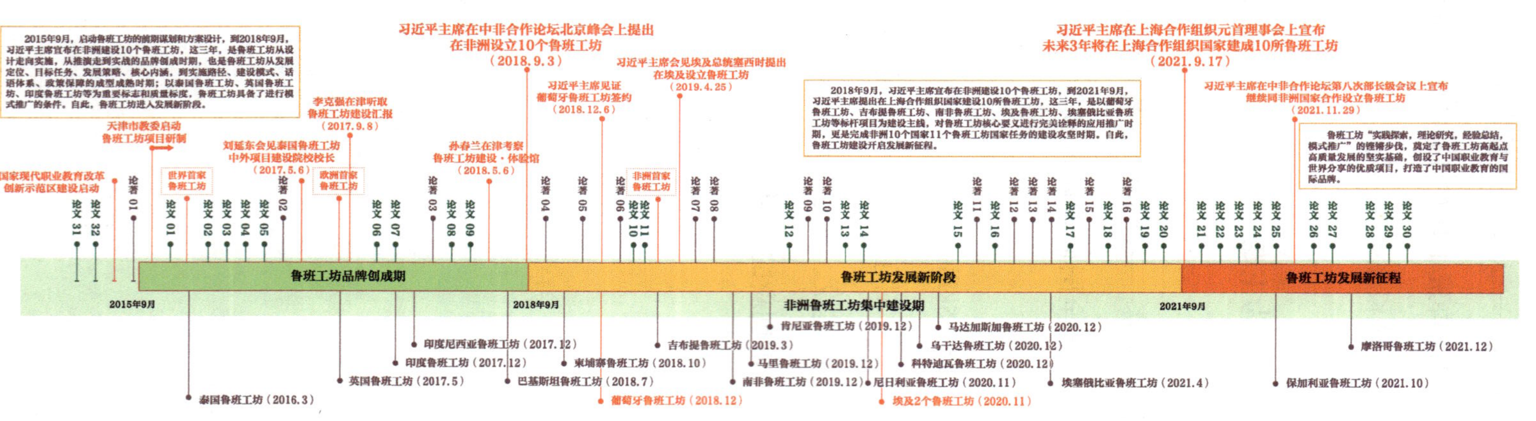

图中 - 标序	题目	发表时间
论文 01	“五大理念”引领国家现代职业教育改革创新示范区发展	2016 年 01 月
论文 02	职业教育：供给侧结构性改革	2016 年 03 月
论文 03	“鲁班工坊”——职业教育国际化发展的新支点	2017 年 01 月
论文 04	解放思想改革创新服务发展，深化推进国家现代职业教育改革创新示范区建设	2017 年 01 月
论文 05	工程实践创新项目（EPIP）教学模式的研究与实践	2017 年 02 月
论文 06	技能大赛：引领职业教育教学改革发展走向新高度	2017 年 06 月
论文 07	开启中国特色职业教育的创新之路	2017 年 06 月
论文 08	服务“一带一路”，职业教育的新作为——“鲁班工坊”	2018 年 01 月
论文 09	五业联动——职业教育科学发展的新途径	2018 年 04 月
论文 10	鲁班工坊——中国职业教育国际知名品牌	2019 年 01 月
论文 11	职业教育高质量发展：制度创新永远在路上	2019 年 03 月
论文 12	鲁班工坊的核心内涵——中国职业教育的国际品牌	2020 年 01 月
论文 13	工程实践创新项目（EPIP）教学模式应用研究	2020 年 10 月
论文 14	EPIP 教学模式的课程论探究	2020 年 11 月
论文 15	EPIP 教学模式的专业论探究	2020 年 12 月
论文 16	论工程实践创新项目（EPIP）教学模式的“工程化”	2021 年 01 月

图中 - 标序	题目	发表时间
论文 17	EPIP 教学模式的教育论探究	2021 年 04 月
论文 18	非洲鲁班工坊项目建设、发展策略及管理政策研究	2021 年 05 月
论文 19	工程实践创新项目（EPIP）的核心要义	2021 年 06 月
论文 20	鲁班工坊溯源，国际品牌创成，内涵要义构建，发展策略研究	2021 年 09 月
论文 21	鲁班工坊核心要义的致用之道：认知、行动与策略	2021 年 09 月
论文 22	鲁班工坊（LUBAN WORKSHOP）解析	2021 年 10 月
论文 23	鲁班工坊的品牌创设与要义解析	2021 年 10 月
论文 24	鲁班工坊建设值得关注的“几个问题”	2021 年 10 月
论文 25	亚洲鲁班工坊项目建设、品牌创建及推广应用研究	2021 年 10 月
论文 26	工程实践创新项目（EPIP）解析	2021 年 11 月
论文 27	欧洲鲁班工坊项目建设、专业布局及发展策略研究	2021 年 11 月
论文 28	工程实践创新项目（EPIP）国际教育联盟：发展路径、效应与展望	2021 年 11 月
论文 29	技能大赛（ChinaSkills）解析	2021 年 12 月
论文 30	由陶行知教育思想谈中国职业教育适应性发展	2021 年 12 月
论文 31	建设国际化高职教育专业教学标准的学理考量	2014 年 09 月
论文 32	开发技能赛项及其教学资源　推进高职机电类专业综合实训教学的改革与实践	2014 年 10 月

图中 - 标序	原著 - 书名	出版社	出版时间
论著 01	中德职教漫谈	高等教育出版社	2015 年 09 月
论著 02	鲁班工坊——职业教育国际合作新支点	中国铁道出版社	2017 年 05 月
论著 03	协同与协作：职业教育的京津冀协同与东西部协作实录	天津人民出版社	2018 年 10 月
论著 04	鲁班工坊	中国铁道出版社	2018 年 10 月
论著 05	天津职教漫谈——国家现代职业教育改革创新示范区探索与实践	高等教育出版社	2018 年 12 月
论著 06	EPIP 职业教育教学模式——改造我们的学习	高等教育出版社	2019 年 01 月
论著 07	鲁班工坊核心要义——中国职业教育的国际品牌	天津人民出版社	2019 年 09 月
论著 08	EPIP 教学模式——中国职业教育的话语体系	天津人民出版社	2019 年 09 月
论著 09	《鲁班工坊核心要义》（英文版）	英国新经典出版社	2020 年 08 月
论著 10	《EPIP 教学模式》（英文版）	英国新经典出版社	2020 年 08 月
论著 11	工程实践创新项目（EPIP）解析	中国铁道出版社	2021 年 01 月
论著 12	《鲁班工坊核心要义》（葡萄牙文版）	英国新经典出版社	2021 年 03 月
论著 13	《EPIP 教学模式》（葡萄牙文版）	英国新经典出版社	2021 年 03 月
论著 14	职业院校技能大赛——中国职业教育的制度创新	天津人民出版社	2021 年 05 月
论著 15	鲁班工坊（LUBAN WORKSHOP）解析	中国铁道出版社	2021 年 05 月
论著 16	技能大赛（ChinaSkills）解析	中国铁道出版社	2021 年 06 月

五、课题研究

1. 全国教育科学规划课题

围绕“鲁班工坊”核心内涵，天津职业院校立项全国教育科学“十三五”规划课题。一是由天津轻工学院领衔的“‘一带一路’视域下海外‘鲁班工坊’建设的标准化模式”研究，系统分析已建成鲁班工坊，解析建设方式、模式、经验、问题，推进标准化建设，指导鲁班工坊项目建设、项目评价、质量提升，为中国职业教育开展国际合作服务提供理论依据和可行策略；二是由天津机电学院领衔的“基于‘工程实践创新项目（EPIP）’的教学模式研究与实践”课题研究，从 EPIP 教学模式的核心内涵、广义理念、应用环境、实践案例及监测途径等方面开展研究。

2. 省市教育科学规划课题

2021 年度天津市教育科学规划重大课题“新时代职业教育标杆建设研究”、重点课题“工程实践创新项目（EPIP）教学模式应用研究”成功立项，分别由天津职业技术师范大学、天津市教育科学研究院和天津渤海学院领衔开展研究。

2022 年度天津市教育科学规划重大课题、重点课题指南已经发布，“基于 EPIP 工程实践创新项目的教学模式创新与实践”“鲁班工坊对接合作国师资双语能力提升研究”位列其中。截至 2022 年 9 月，立项、结项省市级专项课题 24 项。

六、品牌支撑与推广

2016 年 5 月，鲁班工坊标识完成作品版权登记。

2017 年 5 月，工程实践创新项目（EPIP）国际教育联盟成立。

2018 年 1 月，在教育部职成司指导下，建立了以首个鲁班工坊建设单位“天津渤海学院”为总服务平台，多点支撑，国际国内联动，专家学者和项目单位参与的政策研究、标准研制、资源开发、指导评价的联盟机构——鲁班工坊研究与推广中心。

2019 年 12 月，天津市教育工委、市教委、市财政联合印发《天津职业教育“鲁班工坊”建设项目和资金管理办法》。

2020 年 10 月，天津市鲁班工坊研究与推广中心成立，发布《2020 年鲁班工坊建设与发展报告》。同年 11 月，鲁班工坊建设联盟成立。

◉ 2020、2021 年鲁班工坊建设与发展报告

2021 年 4 月，非盟总部所在国埃塞俄比亚鲁班工坊建成，标志着非洲 10 国 11 个鲁班工坊建设项目圆满完成。非盟认定埃塞俄比亚鲁班工坊为面向整个非洲的技术技能人才培养基地。同年 12 月，教育部与

天津市人民政府共建“新时代职业教育创新发展标杆”协议正式发布，“鲁班工坊项目建设”“推广工程实践创新项目（EPIP）应用”纳入协议内容。

2022年4月，埃塞俄比亚鲁班工坊与东非世界银行项目EASTRIP签约，服务东非国家职业教育师资培养培训，EPIP教学模式推广应用纳入协议内容。同年5月，EPIP标识获得作品版权登记。6月，第五届EPIP国际教育联盟年会在天津召开。8月，“推广工程实践创新项目教学……”“发挥已建立的泰国、葡萄牙、埃塞俄比亚等国EPIP教学研究中心作用，给更多境外合作伙伴带去先进的教学模式……”等内容，载入教育部《中国职业教育发展报告（2012—2022年）》。在首届“鲁班工坊”与产教融合国际论坛、世界职业技术教育发展大会上，来自10余个国家的20余位学者完美演绎了鲁班工坊贡献与EPIP应用成果。EPIP有力推动了海外的中国职业教育研究，提升了中国职业教育的国际影响力，是新时代中国职业教育的重大教学理论创新。

1. 鲁班工坊研究与推广中心

2018年1月，在教育部支持下，首个鲁班工坊建设单位——天津渤海学院被建立为总服务平台。2020年10月，天津市鲁班工坊研究与推广中心成立。天津市教育科学研究院专家学者和项目单位参与的政策研究、标准研制、资源开发、指导评价的机构——鲁班工坊研究与推广中心，该机构旨在对“鲁班工坊”建设流程与规范、标准与模式、运行机制与质量保障、监控评价与宣传推广等进行系统研究，持续优化。

鲁班工坊研究与推广中心助推在泰国设立了中泰EPIP教学研究中心、天津职业院校学生海外（泰国）实践拓展基地；在印度，设立了中印 EPIP 教学研究中心和天津职业院校师生海外（印度）实践拓展基地；在印度尼西亚，设立了职业教育教学研究中心和 EPIP 教学研究中心；在葡萄牙、埃塞俄比亚等国家相继建立了 EPIP 教学研究中心、应用机构或推广中心。中国天津渤海学院、泰国大城技术学院、葡萄牙塞图巴尔理工学院、埃塞俄比亚技术大学的“工程实践创新项目（EPIP）体验中心”和“EPIP 教学研究中心”已经成为中外 EPIP 教学研究的集散地。

2. 鲁班工坊建设·体验馆

2018 年，在教育部职成司指导下，天津市教委统筹整合资源，系统梳理项目发展脉络，天津轻工学院牵头组织相关院校、合作伙伴、企业机构、科研院所，在天津轻工学院建成了以鲁班工坊为主题的功能性展示场馆——鲁班工坊建设·体验馆。

◉ 鲁班工坊建设·体验馆

2018年5月6日，时任国务院副总理孙春兰、天津市委书记李鸿忠、天津市市长张国清、教育部部长陈宝生，教育部副部长孙尧等到体验馆参观考察，接见中外双方项目建设团队，给予具体指导和充分肯定。

该馆整体面积660平方米，序厅包括寓意和形象墙两部分，主厅包括序言、缘起、内涵、历程、建成项目专区、待建项目专区、EPIP空中课堂、研究推广、政策保障和未来展望等12个部分。截至2021年底，体验馆接待来自国内外各界人士超过4万人次，产生了巨大的社会影响力。

3. 鲁班工坊与产教融合国际论坛

2019年5月，首届鲁班工坊与产教融合国际论坛在天津举行。来自泰国、巴基斯坦、安哥拉、德国、俄罗斯、吉布提、柬埔寨、马来西亚、马里、葡萄牙、印度、印度尼西亚、肯尼亚、南非、中国等15个国家的行政官员、教育专家、中外企业代表以及中西部地区学访团、相关院校代表近200人参加论坛。

论坛上，吕景泉教授作了题为《鲁班工坊——中国职业教育国际合作品牌》的主旨报告，泰国哲仁院长作了题为《鲁班工坊，带给我们新技术》的交流分享，于忠武教授作了《落实中非合作八大行动，建设非洲首个“鲁班工坊”》的报告，中土集团王飞作了题为《深化合作，携手并进，共同建好“鲁班工坊”，积极践行“八大行动”》的交流分享，葡萄牙卢卡斯教授作了题为《葡萄牙“鲁班工坊”的EPIP》的分享，吉布提国民教育与职业培训部迈哈迪总督学作了题为《鲁班工坊建设对吉布提经济和工业发展的影响》的报告，戴裕崴教授、张维津教授、印度司丽拉院长共同作了题为《依托鲁班工坊平台　共享职教合作成果》的分享，马里共和国迪亚拉作了题为《古有鲁班锁，今有打开中华文明宝库的钥匙》的分享，中材国际（印度）公司李明飞作了题为《共建“鲁班工坊”校企合作平台，推动中资企业在印本地化进程》的分享，于兰平教授作了题为《EPIP 联盟建立与“鲁班工坊”研推中心建设》的报告。整场活动由申奕教授、李云梅教授主持。现场举行了非洲鲁班工坊研究与推广中心成立揭牌仪式。

4. EPIP 国际教育联盟

2017 年 5 月，EPIP 国际教育联盟（EPIP International Education Alliance）成立大会在天津渤海学院举行。时任教育部职成司司长王继平、泰国大城省副省长皮谦、新加坡义安理工学院黄明吉等中外嘉宾出席了 EPIP 国际教育联盟成立大会。

EPIP 国际教育联盟，由国内外知名大学教授发起并组织，是联合世界各地致力于工程实践创新项目研究的教授学者、企业专家组成的教育联盟，旨在借助国际智力资源、教育资源、企业资源，开展跨国界、跨专业的教育科技交流，推动国际间 EPIP 教学模式应用推广和创新发展。EPIP 国际教育联盟实行联盟主席团领导，主席团由 14 位核心发起人担任领导机构成员，其中包括美国麻省理工学院教授 David Otten、佐治亚大学教授宋文战、德国职教专家纳格、英国职业资格机构 Qualifi 首席运营官 Ray Brogden、法国图卢兹大学丹尼尔教授及中国台湾龙华科技大学教授苏景辉、南开大学教授孙桂玲、渤海学院教授于兰平、启诚科技宋立红等。联盟授权渤海学院联合项目推广单位、大城技术学院组建秘书处，负责联盟的日常事务、盟员沟通、协调联盟活动组织等工作，为盟员创建合作与交流平台。2019 年 5 月 8 日，第三届 EPIP 国际教育联盟学术论坛在天津举行。来自泰国、英国、印度、印尼、巴基斯坦等国家的教育行政官员，鲁班工坊项目学校，日本、马来西亚相关院校，天津国际汉语学院，以及 EPIP 国际教育联盟盟员单位的共计 400 余位代表参加了本届论坛。

2022 年 6 月 26 日，第五届 EPIP 国际教育联盟年会在天津渤海学院、泰国大城技术学院同期举行。

5. 全国职业院校技能大赛成果转化中心

以天津国家现代职业教育改革创新示范区（大赛主赛区）为平台，在教育部职成司指导下，依托全国职业院校技能大赛工作委员会，聚集全国相关行指委、职教研究机构、行业企业和院校力量，创设全国职业院校技能大赛成果转化中心。

全国职业院校技能大赛成果转化中心在教育部职成司、天津市教委的指导下，发挥全国职业院校技能大赛主赛区和相关分赛区教产资源，聚集中国职业技术教育学会（以下简称“中国职教学会”）、全国 56 个行指委、职教研究机构、国内外有关企业、职业院校、出版机构力量，实施大赛成果转化。中心服务平台设在天津海河教育园区天津机电学院，六个专项工作平台分别设在天津商务职业院校（服务业类）、天津职业大学（制造业类）、天津中德应用技术大学（国际合作类）、天津职业技术师范大学（世赛类）、天津医学高等专科学校（医药护理类）、天津交通职业学院（交通运输类）。

2017 年 5 月 8 日，时任教育部副部长李晓红与时任天津市副市长曹小红共同为“全国职业院校技能大赛成果转化中心”揭牌启运。

6. 国家职业教育教学资源开发与制作中心

为落实首个职业教育试验区、示范区及示范区升级版建设要求，《天津市人民政府关于加快发展现代职业教育的意见》中将“支持建设国家职业教育数字化教学资源开发与制作中心”列为重点项目，力求以研发国际化专业教学标准、国家级教学资源库为依托，借助示范区校企合作、国际合作、创新创业等方面的内涵建设成果，建设高标准、专业化的教学资源，实施职业教育教学资源设计、研发和制作，更好服务全国职业院校师生。

中心聚集政、行、企、校、研近百个机构，特别是 10 家国内外高端出版、数字媒体参与其中，为课程资源开发与制作、课程资源共享、课程制作与远程培训服务提供了重要支撑。中心建筑面积 1 500 平方米，拥有先进的课程制作数字化装备，可实现线下和“互联网 +”的教学资源开发与制作，实现从课程资源建设、资源管理、资源推广应用及配套一体化的服务。该中心主要包含两个部分：一是课程资源开发中心，包括实景摄影棚、虚拟演播厅、微课制作室、VR 资源制作、3D 资源制作、录音室、录播教室、实训课程资源外拍等；二是公共支撑服务中心，包含智能会议室、研讨室、课程展示体验室、技术开发室等。中心服务总平台设在天津海河教育园区天津机电学院。

2017 年 5 月 8 日，时任教育部副部长李晓红与时任天津市副市长曹小红共同为“国家职业教育教学资源开发与制作中心”揭牌启运。

7. 世界技能大赛中国（天津）研究中心

世界技能大赛中国（天津）研究中心成立于 2012 年 5 月，是由人力资源和社会保障部批准，人力资源和社会保障部与天津市人民政府领导，天津职业技术师范大学负责管理的职业技能竞赛方面的研究中心。2021 年 7 月，人力资源和社会保障部与天津市人民政府签署共建天津职业技术师范大学协议，推进“技能中国”建设。协议对该中心的服务功能、服务边界进行了提升与拓展。

该中心依托天津职业技术师范大学在职业技能培训、职业教育心理、职业技能竞赛以及比较职业教育等方面研究的综合优势，特别是在技能大赛的组织、管理、研究及相关技术技能标准研发，参赛选手科学训练方法、手段等方面，建立了若干个优秀研究团队。团队有一批拥有教育学、心理学、社会学、生理学、脑科学、工学等领域研究经验的博士和教授。同时，该中心还聘请了一批在全国有一定影响的专家、学者担任兼职研究员。该中心团结与世界技能大赛相关的全国人力资源管理工作者、教育工作者、研究者，积极开展世界技能大赛竞赛技术、技能学习理论等方面的科学研究，以提升我国职业技术教育与培训的国际竞争力、提高参赛选手的竞赛水平和职业技能研究水平为己任，引领我国技能人才培养、培训发展方向，为全面提高我国技能人才队伍建设水平、促进我国职业教育培训事业又好又快发展而努力奋斗。

8. 鲁班工坊国际发展研究中心

鲁班工坊国际发展研究中心（LB_IDRC）于 2021 年 12 月 29 日在天津职业技术师范大学成立，该中心致力于鲁班工坊境外落地运行、政策标准研制、教师教学指导、内涵要义运用等研究，基于亚欧非三大洲鲁班工坊实践成果，聚焦非洲、东盟、上合等区域及组织的鲁班工坊项目建设。中心发挥天津职业技术师范大学非盟研究中心、国际学院、创新学院、工程实训中心、世界技能大赛中国（天津）研究中心等优势，深度开展鲁班工坊国际话语、模式体系、标准策略、实施路径的实践研究和理论探究，借助中心首席专家作为鲁班工坊首创者、EPIP创立者的优势，深度开展鲁班工坊建设标准完善、办学内涵拓展、策源创新递进研究，强化鲁班工坊发展的智库作用。

中心成立以来，已出版《鲁班工坊研究：溯源·要义·标准·策略》《鲁班工坊品牌·内涵·布局·目标（中英双语版）》《工程实践创新项目模式·学理·话语·应用（中英双语版）》等鲁班工坊国际发展研究系列丛书，规划出版国别鲁班工坊研究系列和《鲁班工坊纵览与博观》等专业著述。中心还承担了天津市教育科学规划重大课题1项、教育部“中非高校20+20合作计划”项目1项，完成鲁班工坊专项课题2项，获天津市社会科学界学术年会优秀论文奖1项，发表专题论文近20篇，申报专利及著作权保护1项。

◉2021年12月29日，鲁班工坊国际发展研究中心成立

9. 世界职业技术教育发展大会

2022年8月18日至20日，教育部、联合国教科文组织全国委员会、天津市人民政府联合主办“首届世界职业技术教育发展大会”，旨在打造“一会、一盟、一赛、一展”的国际化新平台和新范式，形成由我国主导、合作共赢、引领世界的职业教育国际交流合作机制。

举办世界职业技术教育发展大会，是立足我国职业教育发展的新阶段，推进职业教育国际化纵深发展的一项重大制度性设计。由我国发起并主办国际性职业教育大会，对构建中国职业教育的国际影响力、提升中国职业教育对外开放水平、推动新时代职业教育高质量发展具有重大意义。

“一会”，即建立大会对话机制。本次大会主论坛的主题为“后疫情时代职业技术教育发展：新变化、新范式、新技能”，设置若干平行论坛，两年举办一次。大会聚焦热点，推动全球职业教育的共商、共建、共享，打造职业教育发展命运共同体。“一盟”，即发起成立世界职业技术教育发展联盟。“一赛”，即举办世界职业院校技能大赛。聚焦产业发展，以“鲁班工坊”为纽带，建立会赛一体、赛展一体的赛事机制，将大赛打造成促进中国职业教育理念、模式、标准、方案“走出去”的重要抓手和国际职业教育师生增进友谊、切磋技艺、展示风采的重要平台。“一展”，即建立会展合作机制。举办世界职业教育博览会，将其打造成以产教融合、鲁班工坊为主题的世界各国先进经验、典型案例、新技术新趋势的展示、分享、交流、合作平台。

◉2022年8月，首届世界职业技术教育发展大会在天津举办

◉2022 年 8 月 18 日，鲁班工坊与 EPIP 教学模式系列丛书新书发布仪式在首届世界职业技术教育发展大会期间举办

◉鲁班工坊与 EPIP 教学模式系列丛书作者、天津职业技术师范大学副校长吕景泉同外语教学与研究出版社党委副书记、副总编辑常小玲签署合作协议

第二篇
泰国鲁班工坊概况

篇引语

中泰两国是友好邻邦，长期以来，有着“中泰一家亲”的深厚友谊。泰国是积极响应“一带一路”倡议的重要伙伴，特别是在职业教育领域，与中国有着深度的合作关系，目前泰国也正在开展“经济 4.0”的改造升级，急需大批的技术技能人才做支撑。2016 年 3 月 8 日，中国天津渤海学院与泰国大城技术学院共同建设了鲁班工坊。

鲁班工坊对于泰国来说，可谓是“小而美”的大项目。小小鲁班工坊，使泰国的职业教育发生了很大的改变，中国送去了可复制、可借鉴、可推广的先进职业教育模式。鲁班工坊建设 6 年多来，对提高泰国青年学生技术技能水平发挥了重要引领和示范作用。工坊共开设的 6 个国际化专业，全部通过泰国教育部职业教育委员会评审，成为泰国教育行政主管部门认可的学历教学标准。工坊选配国赛赛项装备和行业企业竞赛装备，成为每年一度的国赛在境外的延伸赛场，并辐射东南亚，推动了中国技能赛事的国际化进程。

鲁班工坊既蕴含了中国传统工匠的劳动精神，同时，更是将中国先进的教学模式和优质的教学装备与泰国分享，引起了包括东盟其他国家青年在内极大的兴趣。小小鲁班工坊已经成为各国青年友好学习交流的幸福乐园。

泰国鲁班工坊“渤海中心”一角

中国·天津渤海职业技术学院
LUBAN
WORKSHOP
鲁班工坊
SINCE 2016.03.08
泰国·大城技术学院
Tianjin Bohai Vocational Technical College
Phranakhon Si Ayutthaya Technical College

鲁班工坊注册标识

鲁班工坊揭牌仪式
Competition

泰国大城技术学院

鲁班工坊与 EPIP 首创者吕景泉教授向诗琳通公主赠送《自动化生产线安装与调试（英文版）》，诗琳通公主回赠自己出版的画册

第四章 / 泰国鲁班工坊的缘起

章引语

位于曼谷北边72公里处的巴沙河畔，有一座历史悠久的古都，它的名字叫“大城府”。这里曾是泰王朝的古都，至今仍留有许许多多的历史遗迹。

泰国第一大河——湄南河在这里穿城而过。每一天，一艘艘满载货物的轮渡在湄南河上缓慢行驶，这种古老的运输方式仿佛也在诉说着这座古城的一个个美丽的传说。泰国第一条高速铁路——“中泰铁路”目前正在加紧施工，未来，这条高铁也将从这座古城穿过。古老文明与现代文明碰撞下的大城府正在散发着独特的魅力。

在这座古城的蜕变中，鲁班工坊也留下了浓墨重彩的一笔。

一、鲁班工坊的文化溯源

1. 中国工匠鲁班

鲁班，是一位生活在约 2 500 年前的杰出工匠和发明家，是手工业技艺和发明创造的典范，是土木建筑、木工等诸多行业的奠基者。后世历代工匠习惯尊鲁班为祖师，称其为“百工之祖”。如今“鲁班奖”是中国建筑行业工程质量的最高荣誉奖。

◉ 鲁班

鲁班的名字，不仅是中国劳动人民伟大智慧的象征，也代表着精湛高超的技术技能、精益求精的职业素养和精进创新的品格。

以鲁班为代表的中国工匠，是中华民族勤劳智慧、科学创新的典范，展示了中国智慧，弘扬着中国精神，传播着中国价值。

鲁班工坊作为一个实体化合作载体，将中国的职业教育优秀成果向海外传递，与世界分享，为合作国培养适应当地需要、具有工匠精神的本土化技术技能人才。

2. 班墨文化精髓

墨子，是中国古代一位先贤，提出了“兼爱”“非攻”“尚贤”等思想，其学说以兼爱为核心，以节用、尚贤等为支点。

墨子的思想围绕着“兼相爱、交相利”这一论点展开。

《墨经》中，“兼”表示整体、全部的意思。因此，“兼爱”强调爱的范围广泛，要“兼爱天下之人”。在墨子看来，不管是自己人还是其他人，无论出身贵贱，只要是人，都是被爱的对象，这个“爱”的对象范围应该是“天下之人”，也就是整个人类，也即“兼爱天下之博大也，譬之日月，兼照天下之无有私也”。由此可窥见“构建人类命运共同体”思想的最早端倪。

墨子的“兼爱”，特别强调爱要不分亲疏、不分贵贱，对一切人一律同等爱之，这与孔子的“仁爱”思想有所不同。在世界多极化、经济全球化、社会信息化和文化多样化持续推进的今天，世界各国相互联系、相互依存，人类命运与共、休戚相关；同时，人类也处在一个挑战层出不穷、风险日益增多的时代，面对着日益盛行的个人主义、利己主义、极端主义，倡扬墨子这种兼爱理想，寻求实现这一理想的实践路径，具有非常重要的现实意义。日本哲学家池田大作认为“墨子的爱比孔子的爱更为现代人所需要”。

“兼爱”是墨子思想的内核，主张天下人互爱互利，不要互相攻击，这就必然要主张“非攻”，即阻止战争，捍卫和平。“非攻”是兼爱思想的延伸。《非攻》说：“今小为非，则知而非之；大为非攻国，则不知非，从而誉之，谓之义。此可谓知义与不义之辩乎？”所谓“非攻”，就是墨子反对当时诸侯国之间、国内各家族之间的相互掠夺攻伐，倡导和平共处。他反对战争，主张和平。

时至今日，墨子的非攻主张依然为人们所拥护和赞扬，对维护世界和平仍具有重要意义。国家之间应坚持对话协商，建设一个持久和平的世界。国家和，则世界安；国家斗，则世界乱。

“夫尚贤者，政之本也。”墨子“尚贤”，主张教育要培养“贤士”，而“贤士”的主要品德是“兼爱”，故“贤士”亦称“兼士”。那么，“贤士”“兼士”具体是什么样的人？墨子的标准有三：“厚乎德行，辩乎言谈，博乎道术。”通俗地讲，培养出来的人要“厚道、明白、能干”。厚道，是做人厚道，做事尚德；明白，是说得明白，干得明白；能干，就是出活儿，不是光说不干，既知“道”，又懂“术”，道术兼备，德技并修。

“士虽有学，而行为本焉。”《墨经》中，墨子提出三种知识：一是亲知，二是闻知，三是说知。亲知，是亲身得来的，就是从“行”中得来的。闻知，是从旁人那儿得来的，或由师方传来，或由书本传达。说知，是推理出来的。闻知和说知必须植根于亲知，方能发生效力。实践出真知，实践是检验真理的唯一标准。

墨子赞同“强学强教，言传身教”，提倡“虽不叩而必鸣”，主张积极主动施教。墨子还注意到，施教应顾及学生的知识水平，“深其深，浅其浅，益其益，尊其尊”。墨子是中国教育史上提出量力而行、因材施教的早期教育家之一。

鲁班、墨子是同时代人。墨子主张兼爱非攻，尚贤尚同，既述且作，创造发明；鲁班道法自然，精工细作，勇于探索，造福后世。

传承班墨文化，就是以墨子的爱心做人，以鲁班的精进做事。

3. 工匠精神内核

鲁班，是中国古代劳动人民智慧的象征；有关他的发明和创造的故事，实际上也是古代劳动人民发明创造的故事。工匠精神是鲁班文化的核心特质，也是班墨文化的重要内容。

“百工从事，皆有法所度。”法，即矩、规、绳、宣、水等规定之数。《墨子·法仪》说：“天下从事者，不可以无法仪。无法仪而其事能成者，无有也。虽至士之为将相者，皆有法；虽至百工从事者，亦皆有法。百工为方以矩，为圆以规，直以绳，正以悬，平以水。无巧工不巧工，皆以此五者为法。”

古代工匠制器的过程都有严格的步骤和程序，对每个部件都要进行严格精确的计量。他们不断地“用智”“用巧”，钻研制器之具、制器之道，长期的执着与不断的精进使得他们达到了庖丁解牛，游刃有余的境地；达到人器合一、道器合一的境界；达到道法自然、天人一体的境域；做到了守正创新，精益求精。

百工所为，须“知”“巧”合一。“知”与“巧”的关系，也被认为是“智者”与“巧者”的关系，“知者创物，巧者述之守之，世谓之工”。

世界上，少数人属于“知者创物”的设计群体，墨子就是其中的主导性人物，但是墨子也非常注重“为”，注重实践；而多数人属于“巧者述之”的手工制造群体，鲁班就是其中的杰出代表，同时鲁班也注重“创”，他发明了许多工具就是有力的明证。

技艺的发明必须以向善、利人为目的，必须利于人类和平与发展，“故所为功，利于人谓之巧，不利于人谓之拙”。工程道德规范、科技道德伦理，也是工程实践、科技创新的重要价值取向，更是构建人类命运共同体的价值追求。

工匠精神，并不神秘。其本质即“精益求精”四个字，只要我们能够把这四个字融会贯通，让“精益求精”成为现代社会每一个生产制造环节、每一个管理监督层面的每一个人的工作精神、劳动态度、质量意识、服务观念、道德素养，把违背“精益求精”的一切行为模式视为工作和生活上的底线和警戒线……这个世界就会更加美好！

班墨文化是中华优秀传统文化的瑰宝，是工匠精神的本源。“精益求精、创新进取、崇尚科学、心系百姓、胸怀天下、造福人类”是班墨文化最核心的内涵，也是鲁班工坊所要传承与弘扬的重要内容。

班墨文化的根本思想，是尊重劳动，尊重劳动人民。职业教育要建设一种尊重劳动的文化，倡导“劳动光荣、技能宝贵、创造伟大”。

新时代的工匠精神，是执着专注、精益求精、一丝不苟、追求卓越。职业教育离不开工匠精神。职业教育孕育工匠精神，职业教育依靠工匠精神，职业教育发展工匠精神。

4. 鲁班工坊得名

2015 年下半年，教育部王继平与天津市教委吕景泉、李力交流天津职业教育创新发展的看法，考虑搭建国际合作“新”平台。语言文化方面已有了“孔子学院”；职业教育服务“一带一路”建设，则应专注技术技能，专注系统化学历教育，探索在境外创设“实体化”合作载体。他们认为，能够传承文化传统、体现技能特质、彰显工匠精神、展现创新智慧的代表人物形象，就是“鲁班”；而能够体现教学做一体，突出做中学、做中教，寓意小巧精致的环境、现代学徒的情境、工作劳动的场所、精湛技艺的传承，就选“工坊”二字。应用技术、锤炼技能、涵养素养的“坊（间）”，最为形象；而工作、工艺、工匠，取自于顶天立地的“工（字）”。中国职业教育的新型海外合作项目由此得名——“鲁班工坊”。

二、泰国鲁班工坊合作背景

1. 泰国的政治经济与教育状况

（1）政治情况概述

泰国，全称泰王国，位于中南半岛，与缅甸、老挝、柬埔寨和马来西亚接壤，东南经泰国湾出太平洋，西南临安达曼海入印度洋。泰国作为东南亚半岛的主要国家，以其优越的海洋地理位置，成为“21世纪海上丝绸之路”的重要战略支点国家。泰国区位优势得天独厚，是东盟的物流、贸易和金融中心，也是东盟与中国的天然桥梁，作为东盟成员国和创始国之一，还是亚太经济合作组织、亚欧会议和世界贸易组织成员。

泰国实行君主立宪制。国王为国家元首，是泰国武装部队最高统帅，通过国会行使立法权，通过政府行使行政权，通过法院行使司法权。泰国是佛教国家，全国90%以上的人信奉佛教。宪法虽未规定佛教是国教，但佛教实际上享有国教的地位与尊荣，对当地政治、经济、社会生活和文化艺术等领域有重大影响。

（2）经济情况概述

泰国现在已经被全球公认为是一个新兴的经济体和一个新型的工业化国家，随着中泰两国在“一带一路”倡议下深入合作，双边贸易额持续升温，中国已经成为泰国最大的贸易伙伴，是泰国最大的进口来源地和最大的出口市场。

农业、旅游业及相关服务业是支撑泰国经济的主要产业，但随着泰国工业化进程加快以及一系列税收优惠政策的出台，制造业成为当地发展最快的产业，并成为当地第一大支柱产业。以泰国大城府为例，短短几年时间就建立起 4 000 多座现代化工厂，并且主要以汽车制造和电子信息产业为主。但在发展中，大城府却始终受制于高素质技能人才的短缺。随着中泰经贸持续升温，中国制造、中国技术和中国标准成为越来越多泰国企业的选择，而这就意味着当地新培养出的职业技能工人必须跟得上企业装备的更新速度。

（3）教育情况概述

泰国教育主要分为初级教育、高等教育、职业教育和成人教育四大类。职业教育又分为初等职业教育、中等职业教育和高等职业教育。从职业教育发展历程看，泰国的职业教育具有一定特色：设有职业教育委员会，该委员会隶属教育部，负责职业教育的发展、计划实施与监督，统筹管理全国职业教育学校（机构）与资源。职业院校是泰国职业技术教育与培训项目的主要提供者。其中，职业学院和高等专科学校提供较高层次的职业技术教育与培训，学制通常为 3 年。教学模式主要借鉴德国双元制模式，学校组织学生在双元制和学徒制项目中学习。有的双元制项目由教育部主管的职业学院组织，有的双元制项目由企业家或国有企业和政府机构共同组织。

泰国目前有职业院校 426 所，业余职业学校 1 000 余所。业余职业学校开设了不同的职业教育课程，方便人们利用业余时间，系统地学习专业知识或培训某一工作技能。职业学校开设不同的修习培训，有些是修习专业文凭，时间为 1—8 年；有些是短期培训班，培训时间仅为 2 个月。

2. 中泰两国政治经济教育合作

（1）中泰两国政府之间的友好关系

中国和泰国是亲密友好近邻，两国人民在历史悠久的交往中结下了“中泰一家亲”的深厚情谊。1975 年 7 月 1 日，中国与泰国正式建立外交关系，两国关系保持健康稳定发展。2001 年 8 月，两国政府发表《联合公报》，就推进中泰战略性合作达成共识。2012 年 4 月，两国建立全面战略合作伙伴关系。2013 年 10 月，两国政府发表《中泰关系发展远景规划》。2017 年 9 月，两国签署《中华人民共和国政府和泰王国政府关于共同推进“一带一路”建设谅解备忘录》。

2013 年，习近平主席提出的“一带一路”倡议得到泰国的支持。泰国地处中南半岛中心位置，既是丝绸之路经济带的重要地区，也是海上丝绸之路的必经之地，已经成为共建“一带一路”的重要伙伴。“一带一路”倡议正与泰国政府 2016 年提出的“泰国 4.0”“东部经济走廊”实现发展战略对接，为中泰务实合作增添新的动力。

（2）中泰两国经济合作情况

自 1975 年正式建交以来，两国互信持续提升，各领域务实合作深入推进，人文交流富有成果，中泰全面战略合作伙伴关系被赋予新的时代内涵。特别是近年来，双方不断加强两国发展战略对接，围绕“一带一路”建设、产能合作和“泰国 4.0”、泰国“东部经济走廊”建设等积极开展合作，为双边关系持续健康稳定发展注入了新的蓬勃动力。随着“一带一路”倡议的实施，中泰两国在投资贸易、新兴产业合作、文化交流，尤其是在交通基础设施的建设方面的合作更加密切，这就需要更多的掌握先进技术的人才。

中国是泰国最大贸易伙伴，泰国是中国在东盟国家中第三大贸易伙伴。1985年两国成立的部长级经贸联委会，于2003年6月升格为副总理级经贸联委会，迄已为止举行了多次会议。双方签订了《促进和保护投资协定》（1985年）、《避免双重征税和防止偷漏税协定》（1986年）、《贸易经济和技术合作谅解备忘录》（1997年）、《双边本币互换协议》（2011、2014年）等。2003年10月，两国在中国－东盟自贸区框架下实施蔬菜、水果零关税安排。2004年6月，泰国承认中国完全市场经济地位。2009年6月，两国签署《扩大和深化双边经贸合作的协议》。2012年4月，两国签署《经贸合作五年发展规划》。2014年12月，两国央行签署《关于在泰国建立人民币清算安排的合作谅解备忘录》，并续签《双边本币互换协议》。

（3）中泰两国教育合作情况

中泰两国是友好近邻。多年来，中国和泰国在政治、经贸、文化、科教等多个领域有着卓有成效的合作，加强了两国的友好关系。尤其是教育方面的合作，取得了令人瞩目的发展。1999年3月22日，中泰两国政府联合在北京签署了《高等教育合作谅解备忘录》，使双方在教育与人才开发合作方面有了指导性文件。2007年，中国教育部与泰国教育部签署《关于相互承认高等教育学历和学位的协定》，促进中泰两国高等教育学历学位互认，推动两国高等学校的学分互认，以便于中泰两国学生在彼此国家进一步学习深造，促进中泰教育深度合作与发展。教育领域呈现多层次、全面合作态势。例如，中泰两国教育部经常互访交流、互换留学生，中国派遣志愿教师赴泰国教授汉语等。在中国学习的泰国学生数量位居东盟国家首位，泰国也是东南亚国家中首选的留学目的国之一。据统计，每年泰国来华的留学生约为7千余人，在华留学生总人数为2万余人，主要为交换生和本科学位生；中国每年赴泰的留学生约为9千余人，在泰国的中国留学生总人数约为3万余人。除此之外，中泰两国的教育机构通过各种形式进行合作，如经常举办教学、培训、学术研讨会等。

汉语国际教育领域。泰国现有孔子学院15所、孔子课堂18所，近百万人学习中文。中国累计派出汉语教师和志愿者7千多人，在此基础上通过增派志愿者、帮助培养本土教师、增派来华留学生等多种方式，进一步推动泰国大、中、小学各阶段的汉语教学。配合泰国教育部推出“你好，我爱你”汉语工程，致力于4年内帮助东盟十国6亿人中的1亿人掌握汉语。对接高铁建设、水力资源开发等泰国国家级重点项目对汉语的需求，选派专门汉语人才赴泰参与建设。各自在对方国家的留学生已经成为中泰两国青年交流、促进友好的一支生力军。

高等教育合作。中国与泰国开展经贸合作有着稳固的现实基础，与泰国的职业教育合作也有十多年的历史，广泛开展了师资培训、学术研讨、职教论坛、学生互派等交流活动。比如，天津师范大学、天津中医药大学、天津理工大学和天津科技大学拟以境外办学形式与泰国东亚大学、宣素那他皇家大学和皇家理工大学开展学科合作，包括汉语国际硕士、工商管理硕士、中医药本科和硕士培养。与高等教育出版社在教材数字化、高等教育和职业教育领域开展合作，继续开发《体验汉语》中小学系列教材（泰国版）项目。

职业教育合作。鼓励泰国职业院校学生参加在天津举办的全国职业院校技能大赛，展示、交流和进一步加强两国青年学生之间的友谊。2014年，为进一步深化在职业教育领域的交流与合作，天津与泰国职业教育合作再出组合拳，双方共22所职业院校在津集体签约。天津职业院校牵头设计的全国大赛赛项、教学装备、教材和教学资源走出国门，成为东盟十国“第八届”“第九届”“第十届”技能大赛的竞赛标准、竞赛装备和教学资源。自2015年起，天津市教委与泰国教育部职业教育委员会签署《天津与泰国2017年职业教育项目合作框架协议》和《天津市教委泰国海上丝路孔子学院奖学金项目合作框架协议》。天津市教委提供“天津－泰国职业教育奖学金项目”，项目的设计致力于为泰国职业教育培养更多“汉语＋”人才，促进中泰两国高等职业教育的交流合作，实现“泰国4.0”战略与“一带一路”倡议顺利对接。该项目已资助100多名泰国学生赴中国天津学习。

3. 泰国鲁班工坊合作院校结缘

（1）诗琳通公主访华

2013年4月，泰国诗琳通公主访问了天津职业院校，并亲自用毛笔题词“职教之花”，表达了泰方与天津在职业教育等方面加强交流、深化合作的意愿，也初步搭建了天津与泰国职业教育交流合作的桥梁。

“中国的教育机构给泰国学生提供学历教育和短期培训奖学金，泰国的大学、研究机构也可以和中方共同参与研究项目，我认为这对泰国很重要。”她在书面回复中说。

“中国人勤劳自强，这是中华传统文化所赋予的。我想未来中国一定会更加先进，在科研等领域不断突破，实现可持续发展和长治久安。”诗琳通说。

她还表示，共建“一带一路”会让中国和世界上其他国家互相加深了解。国之交在于民相亲，合作共赢能让我们的世界越来越好。

（2）赵昆通猜访津

2014年9月12日，泰国隆财基金会主席、金佛寺副住持帕龙芒克拉赞·赵昆通猜大师携泰国教育部职业教育委员会副秘书长阿伽尼·康善及来自泰国各地的11所职业院校校长来到天津市，与天津市11所对口职业院校签署合作协议。天津渤海学院和泰国大城技术学院签署合作协议，奠定了双方合作交流的基础。

◉2014 年 9 月 12 日，天津渤海职业技术学院与泰国大城技术学院签署合作协议

（3）合作院校互访

2014 年 12 月，泰国大城技术学院来天津渤海学院交流访问，参观了学院的实训基地，双方就合作办学达成共识并签署协议。

2015 年 9 月，双方共同参加了中国 – 东盟职业教育联展暨论坛。

2015 年 11 月，天津渤海学院到泰国大城技术学院进行了回访，与泰国大城技术学院、巴吞他尼技术学院等 21 所学院签署建立友好校备忘录及在泰国共同建立鲁班工坊的意向书。

2016 年 1 月，泰国大城技术学院再次来到天津市，明确了鲁班工坊的建设意向，签订共同建设鲁班工坊的合作协议。

2016 年 3 月 8 日，天津渤海学院和泰国大城技术学院共同建立的鲁班工坊正式运行。

◉2016年1月12日，天津渤海职业技术学院与泰国大城技术学院签署鲁班工坊建设协议

三、泰国鲁班工坊筹建纪实

1. 中泰双方的合作院校

（1）天津渤海学院

天津渤海学院是一所公办高等学校，是中国特色高水平高职学校和专业建设计划建设单位，是“2015—2018行动计划”国家优质校，是天津市首批示范性高职学院，是首批天津市世界先进水平高职院校项目建设单位，是石油与化工行业职业教育与培训全国示范性实训基地。学院占地面积约48.13万平方米，在校生万余人。有校企联合办学本科专业1个、高职专业44个。其中，国家级骨干专业5个，中央财政支持

特色专业 2 个，国际化专业 5 个，国家和省部级教改试点专业 2 个。学院有精品课程 12 门，主持参与国家级职教专业教学资源库 3 个，所承担的现代学徒制项目建设通过教育部第一批试点验收。获国家级教学成果奖一等奖、二等奖各 1 项，省部级教学成果奖 9 项。多次承办全国职业院校技能大赛，先后荣获团体一等奖 21 次。

（2）天津铁道学院

天津铁道学院是一所始建于 1951 年的轨道交通类高职院校，面向国内外铁路、城市轨道行业培养高素质技术技能人才。自 1953 年就开启了国际化办学历程，先后为越南、泰国、坦桑尼亚、赞比亚等 10 余个国家开展留学生教育、专业人员培训和技术援助，累计培养了 750 余名铁路员工，已成为亚吉铁路、坦赞铁路的技术骨干。该学院立足于轨道交通行业，服务京津冀交通一体化、天津市“一基地三区”战略定位，服务国家“一带一路”建设，专业设置紧贴轨道交通发展领域，设有 6 个二级学院及思想政治部、基础课部、体育部 3 个教学部共 9 个教学单位。开设 30 个专业，形成覆盖轨道交通运输“车、机、工、电、辆”的五大专业群。其中高速铁路工程技术专业被评为全国示范专业，动车组检修技术专业已成为天津市国际化专业。学院现有全日制在校生 8 500 余人。多年来，该学院始终坚持学历教育和社会培训并举的办学思路，不断提升社会服务水平。为国铁集团、北京铁路局等兄弟铁路局及轻轨地铁等企业培训大批在职干部和工人，累计 9 万余人次。2019 年完成企业职工技能培训 12 355 人次、61 980 人天。

（3）泰国大城技术学院

泰国大城技术学院始建于 1938 年，是泰国教育部职业教育委员会下属的一所历史悠久的公办职业教育学院，是全国工业类专业优秀学院。大城技术学院面积约为 2.96 万平方米，有 3 413 名学生、154 名教师。

学院开设的11个技术专业均设有中职和高职人才培养，涵盖土木建设、汽车机械、金属焊接、机械制图、机械维修、电力、电子、工业维护、工业技术、信息技术、机电一体化和机器人等。学院分别于1997年、2018年被授予泰国“国王奖”，2014年在马来西亚参加知识产权创新和技术博览会并获得银牌，参加全国学生技能大赛多次获得冠军。

2. 中泰双方的合作企业

（1）天津渤海化工集团有限责任公司

天津渤海化工集团有限责任公司是天津市国资委直接监管的企业集团。该集团拥有国有及国有控股企业163户、从业人员约2.3万人，主要生产聚氯乙烯、苯乙烯、橡胶系列制品等系列化工产品。该集团作为天津渤海学院的举办方，在鲁班工坊建设初期提供了资金、政策和人力支持。

（2）天津七二九体育器材开发有限公司

天津七二九体育器材开发有限公司是从事乒乓器材生产与营销的世界级专业乒乓运动器材跨国供应机构。其前身为天津市橡胶工业研究所，早年受国家体委委托研制乒乓用胶粒，1972年9月产品研制成功并投入生产，被命名为“友谊729”。其产品一次又一次伴随着中国国家乒乓球队登顶世界冠军宝座。2017年5月8日，天津七二九体育器材开发有限公司提供了乒乓球体育器材，与天津渤海学院联合建设的“729文化体验中心”入驻泰国鲁班工坊。

（3）天津圣纳科技有限公司

天津圣纳科技有限公司创建于2007年，是一家专业从事教育装备研发、生产、销售和服务的国家级高新技术企业，为高职、应用型本科院校的新能源汽车、汽车维修、钣金喷涂、美容营销、电子商务等专业提供优质配套产品和解决方案。该企业为泰国大城的新能源汽车改造指定商。该企业完成了天津市科学技术项目“天津圣纳渤海泰国智能制造技术推广中心建设研究”，推广泰国新能源公共交通整车应用，开展新能源充电基础设施建设。

（4）中国铁路设计集团有限公司

中国铁路设计集团有限公司（原铁道第三勘察设计院集团有限公司）是中国国家铁路集团有限公司下属唯一设计企业，成立于1953年，资产69亿元，是以铁路、城市轨道交通、公路等工程总承包、勘察、设计、咨询、监理、产品产业化业务为主的大型企业集团。近年来，随着国家“一带一路”倡议和铁路“走出去”政策的实施，公司国际业务取得长足发展。中国铁路设计集团有限公司与天津铁道学院保持着长期的校企合作关系，是该学院的校外实训基地、顶岗实习基地。在2018年泰国鲁班工坊铁院中心启动仪式上，该公司与天津铁道学院达成了服务泰国高铁建设、共同培养人才的合作意向。

（5）天津骥腾科技有限公司

天津骥腾科技有限公司成立于2012年3月31日，是清华大学启迪之星投资的国家级高新企业，总部设在天津，拥有北京、上海两家分公司，是一家致力于为轨道交通、航空领域提供教育培训装备及咨询服务的专业公司。2016年，引入清华大学启迪之星战略投资，拥有7项实用新型专利技术，同年骥腾北京分公司成立；2017年，与清华大学天津高端装备研究院合作成立“轨道交通模拟仿真实训装备与技术研究室”，实施“产学研”模式；2018年，与天津铁道学院合作在泰国建立我国在海外的第一个高铁类技术技能培养中心——泰国鲁班工坊铁院中心，成立铁院中心技能大赛设备研发中心。

（6）泰国国家铁路局

泰国国家铁路局是泰国铁路运输及技术发展主管部门，2018 年泰国鲁班工坊铁院中心成立后，泰国国家铁路局技术装备部门主管与泰国驻中国大使馆文化秘书来天津铁道学院进行考察访问，双方就招生就业、人才培养、技能培训等方面的合作进行了交流，并达成了初步的合作意向。2019 年，泰国国家铁路局与泰国职业教育仪器设备生产单位多次来天津铁道学院调研，就技能培训项目及教学实训设备购买达成协议，第一批教学仪器装备已经在泰国安装使用。

3. 泰国鲁班工坊的建设定位

鲁班工坊紧紧围绕泰国的产业和我国“一带一路”建设对接要求，作为在泰国实施学历教育和技术培训的教育机构，要建成中国职业教育国际合作的新支点、“一带一路”上的技术技能驿站、推动中国优质产品技术向泰国输出的桥头堡。以天津渤海学院机电一体化技术、物联网技术、数控机床技术、新能源汽车技术和天津铁道学院（高铁）动车组检修技术、（高铁）铁道信号自动控制等优质教育资源为支撑，以深入开展校企合作基础上的技术技能人才培养机构为载体，以工程实践创新项目（EPIP）为教学模式，以中泰院校、中泰企业合作开发的国际化专业教学标准为基本依据，将中国优质职业教育和中国优质产品技术与泰国分享，通过培训泰方师资、组织实施工坊的日常教学，为泰国经济社会发展提供高素质本土化技术技能人才。

4. 泰国鲁班工坊的建设思路

依托职业院校校际国际合作创办鲁班工坊，在职业院校对外国际合作办学、合作交流的基础上，通过鲁班工坊开展学历教育与技术培训、技能大赛与设备研发、师资培养与合作交流，服务泰国经济社会发展、辐射周边东盟国家，将鲁班工坊建成专业设置齐全、教学理念先进、技术装备精良、功能辐射广泛的优质境外办学项目。在建设过程中，探索出一条融合多所院校优质国际专业共同建设鲁班工坊的创新路，形成“一坊两中心”（即“一个鲁班工坊，内设渤海中心、铁院中心”）的建设模式。采用双方共同管理的模式，天津渤海学院和天津铁道学院分别负责渤海中心和铁院中心教育教学标准、项目运行质量监控管理等工作，泰方大城技术学院负责招生工作、日常的教育教学管理等工作。

5. 泰国鲁班工坊的建设启动

随着“一带一路”建设的推进，中泰两国在投资贸易、新兴产业的合作、文化交流，尤其是在交通基础设施的建设方面的合作更加密切，这就需要更多的掌握先进技术的人才。2014 年，天津渤海学院与泰国大城技术学院、泰国巴吞他尼技术学院签署了职业教育交流协议，建立了合作交流项目。在此基础上，建立建设“实体化”合作机构的想法得到了泰方的认可。在泰国当地，泰国大城技术学院是一所非常有影响力的领头学校，该学院表达了一个心愿，就是非常希望加强与天津渤海学院在技术技能人才培养领域的合作。

2016 年农历正月初七，春节假期上班的第一天，天津渤海学院的教师团队如约前往泰国大城技术学院，为了共同建造一个以工程实践创新项目为核心理念的课堂——鲁班工坊。然而意料之外的事情还是发生了，虽然泰方对鲁班工坊的设立给予了最大的支持，但是由于语言不通，文化背景不同，项目的推进还是遇到了各种阻碍。参加建设工作的教师回忆说：我们在国际交流中沟通的最大障碍就是语言，中国人讲英语有中国人的思维，泰国人讲英语有泰国人的思维，这两种完全不同的逻辑碰到一起肯定要有问题。比如，我们称“工坊”为“workshop”，而他们却将“工坊”理解为 building，想象成一座大楼。泰国大城技术学院的哲仁院长一开始听到“Luban Workshop”（鲁班工坊）以为需要为鲁班工坊建一座大楼，这样不仅涉及选址问题，还需要花费大量的时间和人力，对学院和教师来说都是一个不小的问题。后来通过一个词特意解释了这个语言不通造成的误会，就是“教室”

◉ 天津渤海职业技术学院教师筹建泰国鲁班工坊

（一个 classroom），问题才迎刃而解。工期紧、任务重，天津渤海学院的教师们在泰国大城不仅要做好设计工作，还承担了部分施工工作，并亲自到装饰城选择每一件装修材料。

当时的天津正值寒冬，而泰国却是一年中最热的时候，平均气温几乎在 38 度以上，天津渤海学院的教师们克服温差大、蚊虫叮咬、水土不服等带来的不适，保质保量地与泰方团队共同完成了泰国大城技术学院鲁班工坊的建设工作，他们的诚意和努力也得到了泰方的认可和高度评价。

对于天津渤海学院这支优秀的团队为鲁班工坊的付出，哲仁院长特别感激，他说：泰国鲁班工坊的建设恰逢中国传统节日春节，团队成员却依然辛勤地工作。我们虽然语言不通，但想法是一致的。针对在鲁班工坊建设过程中语言不通这个最大的交流障碍，泰国大城技术学院现在建成了汉语教室，希望使用汉语进行更多的交流。为了今后职业教育更好地发展，我们计划建立本科汉语教学，以便为中泰职业教育发展做更好的衔接。

◉ 中泰双方有关领导畅谈泰国鲁班工坊未来发展

◉ 泰国鲁班工坊首批学生

第五章 / 泰国鲁班工坊的创建历程

章引语

2016年3月8日，天津渤海学院在泰国大城技术学院设立第一个鲁班工坊，目前已经高质量完成了三期建设。

在第三期建设中，率先探索了“一坊两中心”模式。2018年7月18日，天津铁道学院在泰国大城技术学院建设的鲁班工坊铁院中心揭牌启运，建有动车组检修技术、铁道信号自动控制2个专业。至此，泰国鲁班工坊已经形成6个专业的办学格局。

2017年2月，泰国授予在鲁班工坊建设中有突出贡献的中方人员吕景泉、芮福宏“诗琳通公主奖”。

2017年5月，刘延东、李鸿忠、陈宝生共同接见中泰鲁班工坊建设院校双方校长于兰平、哲仁，亲切勉励团队发扬“中泰一家亲”传统友谊，让鲁班工坊为中泰人文交流服务，为“一带一路”与国际产能合作服务。

2018 年 10 月，泰国王室向鲁班工坊所在的泰国大城技术学院颁授王室最高奖“国王奖”。

2022 年 9 月，哲仁获得“中国政府友谊奖”。

一、泰国鲁班工坊的启运

2016 年 3 月 8 日，由天津渤海学院在泰国大城技术学院建立的鲁班工坊正式运行。

天津市政府代表团，泰国金佛寺副住持、岱密中学孔子课堂泰方主席（泰国隆财基金会主席）帕龙芒克拉赞·赵昆通猜，以及泰国大城府省长布拉雍、泰国教育部职业教育委员会顾问斯提萨克、泰国大城市市长叟穆颂、泰国北方商会一区会长素万陆普、泰国大城商会会长姜盖、泰国大城工业联盟总裁叟穆王、泰国教育部职业教育委员会副秘书长阿卡尼特、泰国政策规划部主任皮拉鹏等中泰双方有关领导出席了启运盛会。

在揭牌仪式前，泰方举行了隆重的欢迎仪式。时任天津市人大常委会副主任苟利军代表中国天津市政府和代表团全体成员对项目的开业运营和双方的密切合作表示衷心的祝贺，他介绍了天津职业教育作为国家现代职业教育改革创新示范区，是中国职业院校技能大赛主赛场，建设有国家中西部地区职业教育师资培训中心、国家职业教育课程资源开发与制作中心、国家职业教育研究和成果转化中心，具有中国最强的职

◉ 泰国鲁班工坊揭牌仪式

业教育师资力量。天津渤海学院与泰国大城技术学院共同建设的鲁班工坊的落成，揭开了天津市职业技术教育国际交流合作的新篇章，是中泰两国之间职业教育合作结出的最新果实。希望天津渤海学院与泰国朋友真诚合作，把天津市的经验和技术无私地与泰国师生分享，双方互相学习，逐步扩大合作领域，结合泰国经济发展需要开办更多的课程，不断总结合作经验，以鲁班工坊为平台，培养更多优秀的创新型技能人才。欢迎泰国各高校和职业院校与天津市职业教育院校开展多种形式的合作办学，为助力两国经济社会发展做出新贡献。

时任天津市教委副主任、鲁班工坊首创者吕景泉向鲁班工坊的建成表示热烈的祝贺。希望两校要密切合作，进一步完善体制机制，把鲁班工坊建设成经典项目和示范项目；同时也希望有更多优秀的院校，加强友好合作，加强中泰两国职业教育校际师生学习交流，增进两校友谊，为促进中泰两国经济发展培养更多的高素质技术技能人才。

泰国金佛寺副住持赵昆通猜对中国政府和天津市教委给予大城技术

学院建设鲁班工坊的大力支持表示感谢，提出泰国将搭建更多的平台，创造更多与中国职业教育交流合作的机会。

◉ 泰国金佛寺副住持赵昆通猜在欢迎仪式上致辞

大城府省长布拉雍也对鲁班工坊落户泰国表示感谢，特别是对中国针对从事工程领域的师生和职业学校的学生所给予的大力帮助和支持表示感谢，并期待着有更多的中泰双方合作项目。

与会领导出席了在鲁班工坊现场举行的揭牌仪式。苟利军、赵昆通猜、斯提萨克、叟穆颂共同为鲁班工坊剪彩、揭牌，并为“鲁班工坊”网站点击开通。

仪式上，时任天津渤海学院党委书记芮福宏介绍了学院的发展历史和人才培养特色，并表示天津渤海学院将以建设鲁班工坊为抓手，积极探索职教国际化发展模式，努力培养具有国际视野和国际化思维的师资，提高教育教学管理的国际化水平，开发国际化培训课程，为中泰两国经济发展培养更多的本土化的高素质技术技能人才。

时任泰国大城技术学院院长哲仁表示，能够参与到中国政府提出的“一带一路”倡议中非常荣幸。泰国大城技术学院有幸建成第一个鲁班工坊。他承诺在不久的未来，将有效地使用鲁班工坊，向泰国和东盟国家的专业技术学生提供他们所需的工程技能和创新技能。

与会领导还通过视频与天津渤海学院工程实践创新项目体验中心现场进行了实时互动。苟利军等领导来到视频前，屏幕呈现出天津渤海学院工程实践创新项目实训基地场景，现场学院领导、教师和学生代表挥动着中泰两国国旗。天津渤海学院院长于兰平对于各级领导对在泰国建立的鲁班工坊的支持指导表示感谢，并表示两校将齐心努力，共同建设、管理、维护好鲁班工坊，加强双方师生交流，促进职业教育教学质量，培养更多的高素质的优秀技术技能人才。

◉ 天津渤海职业技术学院院长于兰平与泰国大城技术学院鲁班工坊揭牌仪式现场进行实时互动

揭牌仪式上，吕景泉副主任将 200 本《工程实践创新项目教程》国际化双语教材赠送给泰国鲁班工坊。吕景泉作为鲁班工坊理念的领衔策划和推动者，作为中国高等学校教学名师、职业教育专家，长期致力于“工程实践创新项目（EPIP）”教学模式的研究和推广，由他主编的《工程实践创新项目教程》国际化双语教材受到国际同行专家一致好评，将被用于鲁班工坊的教育教学。仪式后，应印度尼西亚 Atlas Nusantara 工程学院的请求，吕景泉又向印度尼西亚职业院校赠书。

◉ 时任天津市教委副主任吕景泉教授将自己主编的 200 本《工程实践创新项目教程》双语国际化教材赠送给泰国鲁班工坊

仪式上，在中泰双方领导的共同见证下，天津渤海学院还与印度尼西亚的高职院校签订了合作交流意向书。

在泰国设立的鲁班工坊得到了泰方的高度认可，泰方邀请了泰国21家高职院校校长和马来西亚、印度尼西亚两个国家3所高职院校的校长参加。泰国国家教育电视台进行了全程现场直播，中国教育电视台、天津电视台，天津日报、天津教育报、天津工人报、今晚报、求贤杂志，天津广播电台新闻台、交通台、经济广播，中国现代职业教育网、泰国每日新闻等媒体对泰国鲁班工坊进行了报道，引起了强烈反响，中泰双方有关领导还接受了中泰电视台的采访。

在现场的采访中，泰国教育部职业教育委员会顾问斯提萨克提出，目前泰国的职业教育处在一个新的转型时期，以前泰国职业教育只是书面教学，很少有实践教学，以后将有更多技术人才到国外进修学习。鲁班工坊将这种方式引进，对于培养泰国高技能人才有很大帮助，比如培养专业技师、酒店管理人员和旅游方面的相关人员等。

二、渤海中心的推进历程

天津渤海学院为进一步贯彻落实天津市教委《推进本市职业院校在海外设立“鲁班工坊”试点方案》要求，通过专业建设将泰国鲁班工坊建设成中国境外鲁班工坊的旗舰和标杆。重点建设新能源汽车技术专业；强化鲁班工坊实训基地资源建设，提升鲁班工坊专业教学质量；发挥鲁班工坊作为中外人文交流平台的作用，深化鲁班工匠精神，广泛开展中外人文交流与技能培训，搭建中外师资培训平台，重点开展国际师生培训；培养规模化、掌握中国先进技术的国际型职业技术技能人才，为践行“一带一路”倡议，服务中资企业，搭建职业教育的合作平台。2017 年底，泰国鲁班工坊二期建设——渤海中心建设完成，新增物联网 EPIP 实训区、数控车床实训区、新能源汽车教学实训区、新能源汽车维修区 4 个教学实训区，新增物联网技术、数控机床、新能源汽车技术 3 个国际专业。

三、铁院中心的推进历程

1. 合作筹备期

2017 年 9 月 4 日，时任泰国交通部部长阿空率领泰国政府代表团与中国政府签订两份泰中高铁合作协议，启动了中泰铁路项目，这使得泰国铁路技术技能人才产生了较大缺口。为了培养泰国铁路发展需要的技术技能人才，泰国各职业院校一方面纷纷瞄准我国铁路职业教育发展较快的院校，洽谈合作建设高铁类专业；另一方面派出留学生到中国学习高铁技术。天津铁道学院被泰国班派工业与社区教育学院、大城技术学院等选定为合作院校。2014 年 3 月至 2017 年 12 月，泰国班派工业与社区教育学院多次到天津铁道学院进行考察，探讨合作问题，就留学生管理、师资培养、合作模式、交流互访等方面进行了详细的洽谈。2014 年底，天津铁道学院分别与泰国班派工业与社区教育学院等三所院校签订了校际合作协议，合作开展高铁类专业技术技能人才的培养。

2018 年 1 月，中泰职业院校校长论坛在天津举行，来自泰国的 5 所职业学院的校长及专业教师参加了论坛。在论坛上，吕景泉提出，希望在 10 月前建成泰国鲁班工坊铁院中心，并对铁院中心的建设进行了具体的指导。

2018 年 2 月至 5 月，天津铁道学院经过走访调研、论证准备后，积极筹备泰国鲁班工坊铁院中心项目建设。2018 年 5 月 8 日，泰国大城府政府官员、大城职业技术学院院长等一行 8 人莅临天津铁道学院参观考察，双方签署合作备忘录，就课程建设、师资培养、专业建设等方面进行详细洽谈。

2. 启动建设期

在天津市委市政府、市教委和市人社局的大力支持与精心指导下，明确了泰国鲁班工坊建设目标，多次派出专门的负责教师赴泰国开展调研，进行论证、协商讨论，派出专人积极筹备泰国鲁班工坊铁院中心的人才培养方案制订及场地、设备、标准、教材等建设工作。

2018 年 7 月 20 日，泰国鲁班工坊铁院中心启动运营，天津市教委领导、中国驻泰国大使馆参赞、泰国教育部职业教育委员会秘书长、大城府主要官员、泰国合作院校负责人等 70 余人出席启动仪式。

为扩大影响，充分发挥铁院中心的功能作用，天津铁道学院牵头与泰国 9 所交通类学院组成了“中泰高铁职业教育联盟”。

◉ 泰国鲁班工坊铁院中心揭牌仪式

◉ 天津铁道职业技术学院与泰国 9 所职业院校签署合作备忘录

2014 年 9 月，泰国职业院校访问团来津，天津市教委组织 11 所高职院校与泰方签订院校合作协议，其中天津渤海学院与泰国大城技术学院签署合作协议。

2014 年 12 月 16 日至 18 日，泰国大城技术学院、巴吞他尼技术学院到天津渤海学院交流访问，并签署合作办学协议。

2015 年 11 月 17 日至 21 日，天津渤海学院赴泰国进行职业教育调研。

2016 年 1 月 12 日，天津渤海学院与泰国大城技术学院签署鲁班工坊建设协议。

2016 年 2 月，天津渤海学院教师赴泰建设泰国鲁班工坊。

2016 年 3 月 8 日，天津渤海学院在泰国大城技术学院建立世界上首个鲁班工坊。

2016 年 5 月，天津渤海学院建成 2 000 平方米的工程实践创新项目（EPIP）体验中心。

2016 年 10 月 24 日，中泰职业教育研究中心揭牌。

2017 年 2 月 3 日，吕景泉、芮福宏获评泰国“诗琳通公主奖”。

2017 年 5 月，境外首家工程实践创新项目教学研究机构——EPIP 教学研究中心在泰国揭牌。

2017 年 5 月 9 日，EPIP 国际教育联盟在天津成立，秘书处设在天津渤海学院。

2017 年 8 月，“机电一体化”国际专业通过泰国教育部职业教育委员会认证。

2018 年 1 月，泰国鲁班工坊完成二期建设。

2018 年 1 月，在教育部职成司与天津市教委指导下，鲁班工坊研究与推广中心在天津渤海学院揭牌启运。

2018 年 7 月，泰国鲁班工坊完成三期建设。天津铁道学院在泰国鲁班工坊建设了铁院中心，泰国鲁班工坊形成“一坊两中心”模式。

2018 年 12 月，天津渤海学院于兰平主持的项目“开发国际化专业教学标准，创设“鲁班工坊” 职业教育国际合作的研究与实践”获评职业教育国家级教学成果奖一等奖。

2018 年 10 月，泰国大城技术学院获得泰国“国王奖”。

2019 年 5 月 10 日，“鲁班工坊”与产教融合国际论坛在天津举行。

2020 年 3 月，泰国鲁班工坊 6 个国际专业通过泰国教育部职业教育委员会认证。

2020 年 6 月 7 日，原泰国大城技术学院院长哲仁获评天津市政府“海河友谊奖”。

2021 年 10 月 18 日，泰国鲁班工坊通过天津市教委验收评估。

2022 年 5 月，《EPIP 教学模式》（泰文版）在泰国出版发行。

2022 年 6 月，泰国鲁班工坊 EPIP 师资培训班开班，EPIP 国际教育联盟第五届年会论坛在中国天津和泰国大城双主场举办。

2022 年 8 月，物联网技术应用、迷宫机器人国际化赛项研发成功，被列为“首届世界职业院校技能大赛”竞赛类项目。

2022 年 8 月 20 日，首届世界职业技术教育发展大会在天津举行，泰国哲仁、玛悠丽等在大会上作主旨发言，纵论 EPIP 教学模式与泰国鲁班工坊在泰国、东南亚的推广应用成效；泰国鲁班工坊获批全国首批鲁班工坊运营项目。

2022 年 9 月 29 日，哲仁获评“中国政府友谊奖”。

第六章 / 泰国鲁班工坊的运营管理

章引语

为落实天津市委市政府《关于做大做强做优职业教育的八项举措》，天津市政府《推进本市职业院校在海外设立“鲁班工坊”试点方案》，天津市教育工委、市教委、市财政局《天津职业教育“鲁班工坊”建设项目和资金管理办法》，天津市教委《天津市鲁班工坊研究与推广中心建设方案》等文件政策要求，泰国鲁班工坊在建设初期就组建了建设工作领导小组，统筹协调各方力量，合力推进泰国鲁班工坊建设。建设院校就泰国鲁班工坊的建设规划进行了多次研讨，制订实施方案和《泰国鲁班工坊章程》《鲁班工坊管理与监督方法》等相关文件与管理办法，对项目建设中的重大问题进行研究。

一、配套机制持续完善

建设院校制定了《外国留学生教学及管理各项费用的规定》《外籍教师管理办法》《学院鲁班工坊建设项目和资金管理办法》《学院留学生招生管理办法（试行）》《学生海外交流项目的选拔与管理暂行规定》《鲁班工坊校企合作管理办法》《关于疫情防控期间外事管理暂行办法》《学院因公出国（境）经费管理办法》《外事接待规定》等规章制度，编印了《外国留学生手册》，有效保障了鲁班工坊健康运行。

二、设施运维管理规范

1. 基础设施

（1）场地位置

泰国鲁班工坊位于泰国大城技术学院校园内，处于建筑系、自动机械系和机械制图系实训基地中间，是两层独幢建筑，为泰方投资建设。

（2）场地面积

工坊经过三期建设，建筑面积达到 2 000 多平方米，鲁班工坊空间布局形成。

（3）区域划分

泰国鲁班工坊的渤海中心位于该幢建筑的一层，共分为 10 个功能区，分别是仿生机器人学习体验区、电脑鼠走迷宫竞赛区、POWERON创新套件实训区、自动化生产线教学区、新能源汽车教学实训区、新能源汽车维修区、数控技术实训区、物联网 EPIP 实训室、数控维修实训室和机械原理陈列区。同时，在校区内配备了新能源汽车和充电桩等整套服务装备，还有空中课堂教研区。

泰国鲁班工坊的铁院中心位于该幢建筑的二层，共分为 5 个功能区，包括（高铁）铁道信号自动控制专业 CTCS、（高铁）动车组检修技术专业 CRH380B、空中课堂 3 个教学区，以及技能大赛设备研发区和教研区。

（4）场地设计

鲁班工坊的场地环境设计带有浓郁的中国和泰国的传统文化气息，建成的鲁班工坊由传统的大红色木制的悬梁、雕花图案、金黄色背板组成，每个区域都可以看到醒目的品牌图标。这些代表中泰两国环境文化的设计与摆件融合为一体，让人一眼就能看出泰国大城技术学院鲁班工坊是中泰两国职业教育合作的产物。

由天津渤海学院主持的鲁班工坊标识设计于 2016 年 2 月完成，并于 2016 年 5 月 5 日获得作品版权登记。整体设计理念采用天圆地方的中国传统理念，使用圆形和方形作为基本图形，用金镶玉的理念设计文字的位置。背景采取的是两个图的结合，把数层阶梯和祥云结合在一起；把“天津渤海职业技术学院”和“泰国大城技术学院”用中泰英三种语言环绕在环形里；把“鲁班工坊”字样设计在传统匾额样式的方形花框里，字体是汉隶，上方是“鲁班工坊”的英文。挂牌上的时间“SINCE 2016.03.08”，标定世界上首个鲁班

◉ 泰国鲁班工坊标识

工坊——泰国鲁班工坊的诞生日，也是鲁班工坊的诞生日。

铁院中心的环境设计也充满了中国文化元素，并运用了中国高铁的技术元素。凤凰在中国文化中是一种代表祥瑞的神鸟，CRH380B 教学区用一列中国制造的高速动车组“金凤凰”图案进行玻璃外墙装饰，给人以强烈的视觉冲击感，各个教学区门牌、形象墙等也嵌入“金凤凰”元素，寓意中国铁道技术走进泰国的同时也带来了祥瑞的祝福，祝愿两国人民吉祥和谐，祝愿泰国鲁班工坊成为架起两国友谊的桥梁。

◉ 泰国鲁班工坊铁院中心

2. 装备设施

泰国鲁班工坊教学实训设备台套数量达到 389 台（套），设备总值 1 086.661 5 万元，可提供教学工位 360 个。

◉ 仿生机器人学习体验区

仿生机器人学习体验区包含人工智能机器人项

目，如机器人声、光、电、智能控制表演大舞台，NAO 智慧机器人才艺表演，机器人走 T 台表演，能力源仿生机器人自主创意设计各种小动物（如小狗、蝎子、八爪鱼等）生动表演及化工危险环境下机器人应用项目（如救火机器人、防化工泄露机器人、防核泄漏机器人、引导机器人、仿生机器人等）。

电脑鼠走迷宫竞赛区引入了风靡全球的电脑鼠走迷宫竞赛的比赛场地、精准的电子计分系统及学生练习实训的场地设备。

◉ 泰国学生在鲁班工坊开展电脑鼠走迷宫竞赛活动

POWERON 创新套件实训区设有能力源创新课程套件，体现光机电结合、软硬件结合、控制与化工工艺结合，在演绎“工程”课程概念的同时，延伸和扩展了“创新”课程的理念，使得学生的学习内容和教师的授课方式都有全新的内涵，真正着眼于学生综合素质的培养。

◉ 鲁班工坊学生进行 POWERON 实训

自动化生产线教学区以亚龙自动化生产线为载体，生产线由供料单元、加工单元、装配单元、分

◉ 学生在自动化生产线教学区上课

拣单元以及输送单元等五部分组成，可使学生深入掌握机械技术、气动技术、传感器技术、交流电动机变频调速和步进电机驱动控制、触摸屏技术、PLC 技术以及通信网络技术等。

新能源汽车教学实训区可进行纯电动汽车驱动技术的综合教学，通过真实的汽车零部件充分展示纯电动汽车驱动及控制部分的组成结构；可开展对纯电动汽车进行结构和控制系统的认识实训；可进行纯电动汽车电池管理系统的综合教学，可进行纯电动汽车 CAN 网络认知与故障排除的综合教学，通过真实的汽车零部件充分展示纯电动汽车整车网络数据传输系统的组成与原车布局，可开展对 CAN 系统进行结构和控制系统的认知和故障排除实训。

◉ 新能源汽车教学实训培训

新能源汽车维修区可进行纯电动汽车动力系统的综合教学，满足实训教学和实验教学的需要。通过真实的汽车零部件充分展示纯电动汽车动力系统、电控系统部分的组成结构，可开展对纯电动汽车进行结构和控制系统的认识实训。

数控技术实训区展示机械设备的运行原理，配有泰文讲解，便于学生更好地掌握机械知识与原

◉ 学生进行数控车床实训

理。数控车床实训能够使学生更好地掌握数控加工的技能，配套数控车床维修设备实训能够使学生更好地掌握数控机床的机械与电气装调、故障诊断和排除、机床精度检验、试件切削试验等能力。

物联网 EPIP 实训室分为物联网应用展示体验区和关键技术教学区。物联网应用展示体验区，通过 Newlab 场景创新演示平台、VR 展示平台和智能室内控制系统等技术先进的物联网展示平台设备，实现智能家居、智慧商超、智慧农业等物联网典型应用场景的体验功能，使参观者和学生对物联网技术和应用有深刻直观的感受。

◉ 学生在物联网 EPIP 实训室上课

◉ 轨道运输仿真沙盘

（高铁）铁道信号自动控制专业 CTCS 教学区设有中国列车运行控制系统 CTCS 教学区，设备包括行车显示大屏、行车控制台、行车调度台、车站联锁控制台、列车运行监督（CTC）系统、列车运行无线闭塞（RBC）系统、列控中心（TCC）系统、ZD6 型电动转辙机以及道岔转辙装置等。中国列车运行控制系统 CTCS 教学区可以满足对车站的联锁操作、对列车运行的控制、认知仿真列车的实际运行情况及列车到达、出发进路排列、列车运行限速、信号机控制、道岔转换等教学需求。

（高铁）动车组检修技术专业CRH380B教学区设有CRH380B模拟驾驶仿真演练系统、高铁受电弓模型、动车组模型、CRH2型动车组动力转向架模型等教学设备，CRH380B模拟驾驶仿真演练系统的操作台等设备，所有设备与中国高铁实际运行的设备按1:1比例制造。该教学区可满足（高铁）动车组检修技术专业动车组检查试验、行车安全装备使用训练、一次出乘作业标准化训练、应急故障处理模拟训练及非正常行车组织训练等教学需求。

◉ 学生进行高铁模拟驾驶

空中课堂教学区包括交互白板系统和视频会议系统，是中国目前最先进的信息化教学设备之一。其中交互白板一体机为153英寸，包含红外电子白板、智能中控、电脑主机、功放、音箱、高拍仪/展台等功能模块，采用红外线感应触摸技术，支持10点触控，10笔同时画线，方便教师使用。空中课堂教学区可满足两地教学场景实时互联，实时直播教师的视频、语音、课件、板书等，实现双方同步教学。

◉ 空中课堂教学区

技能大赛设备研发区，由天津铁道学院、天津骥腾科技有限公司、泰国大城技术学院共同建设。针对高铁类专业技能培养要求，制订大赛标准、研发大赛设备、组织举办高铁类专业国际职业技能大赛；推广大赛经验和成果，促进人才培养模式和教学模式的改革，扩大泰国鲁班工坊铁院中心的影响力和辐射作用。

三、教学资源适配完整

教学资源涵盖专业教学标准规定内容，覆盖专业基本知识点和技能点。针对泰国产业发展需要和个性化需求，鲁班工坊积极建设特点突出、颗粒化程度较高、表现形式恰当，能够支撑标准化课程的特色性、前瞻性教学资源。

1. 人才培养方案

渤海中心制定了机电一体化技术、物联网技术、数控技术与新能源汽车技术 4 个专业的人才培养方案。国际专业学制均为 3 年，分为 3 个阶段，即 0.5 年（泰国）+2 年（中国）+0.5 年（泰国）。第一阶段（0.5 年）：留学生在泰国大城技术学院进行为期半年的课程学习，所学内容为泰国教育部职业教育委员会要求的必修课程，如泰国文化、数学等基础课程。第二阶段（2 年）：留学生在中国进行为期 2 年的系统学习，首先接受为期半年的汉语学习课程，系统学习汉语知识和中国文化；之后，接受为期一年半的专业基础知识和专业知识学习培训，系统地学习专业知识与实训。第三阶段（0.5 年）：留学生返回泰国参加顶岗实习，到泰国相关企业进行毕业顶岗实习。

铁院中心制定了（高铁）动车组检修技术和（高铁）铁道信号自动控制 2 个专业的人才培养方案。国际化专业学制均为 2 年，分为 2 个阶段，即 1 年（泰国）+1 年（中国）。第一阶段（1 年）：留学生在泰国大城技术学院进行为期 1 年的课程学习，所学内容除了泰国教育部职业教育委员会要求的必修课程，如泰国文化、数学等基础课程，还要学习铁路运输系统安全、铁路运输系统管理等专业基础课程。第二阶段（1 年）：留学生在中国进行为期 1 年的技术技能学习。

2. 专业教学标准

鲁班工坊的专业设置，在标准设计上对标行业的国际前沿技术标准，在教学组织实施上对标先进的教育理念与教学模式，合作开发的培养方案、专业标准得到合作国家的广泛认同。参建院校在国际化专业教学标准的开发中积极总结鲁班工坊建设的经验，并将成果用于示范引领职业教育的专业建设与发展。

天津渤海学院已经完成 9 个国际化专业教学标准的制定，并通过天津市教委的认定。目前，该学院还承担了物联网应用技术、数字媒体应用技术、工业分析技术、煤化工技术、新能源汽车技术、机电一体化技术、数控技术、安全技术与管理共 8 个国际化专业教学标准的制定任务。

天津铁道学院已经完成 4 个国际化专业教学标准的制定，相关教学标准也已通过天津市教委的认定。目前，该学院还承担了机械工程专业（车辆工程方向、交通运输方向）和土木工程专业（铁道工程方向）3

个国际化专业教学标准的制定任务。

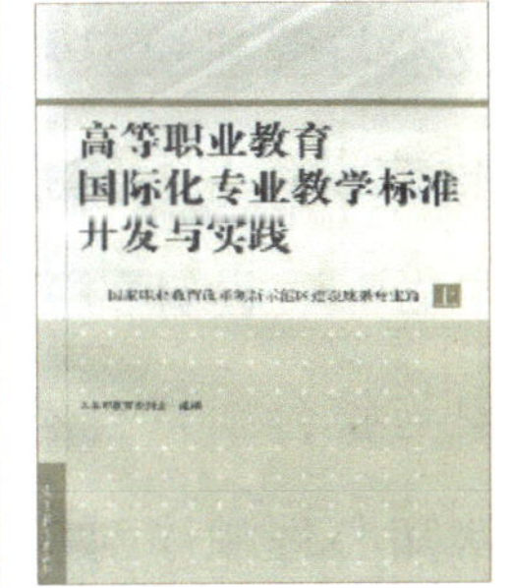

◉ 专业教学标准汇编

3. 课程教学标准

课程建设以泰国国家职业资格标准和中国国际化专业教学标准为依据，以实践创新能力培养为核心，着力构建与生产过程无缝对接的课程体系；强调突出综合实践能力培养，开展课程与职业证书相融合的“双证书”一体化教学改革，积极探索将国际职业资格证书纳入课程框架；课程体系设计中突出企业实践能力的培养；毕业设计立足于为实习企业解决技术上的实际问题，鼓励采用企业生产中的真实课题，真题真做。目前，天津渤海学院已经制定了 50 门国际专业课程标准。天津铁道学院开发了“动车组总体技术与驾驶”等 13 门课程标准、13 本配套工学结合双语教材、7 本实训指导书，制定了“列车车厢空调与通风系统运行维护”等 13 门课程的教学设计标准，正在建设“铁道信号基础设备维护”等 3 门精品在线开放课程及 4 门课程配套资源，提升了当地职教整体质量，填补了鲁班工坊所在国和地区职业教育在动车组检修技术专业、铁道信号自动控制专业方面的空白。

课程体系构成，从人才培养目标出发，以职业素质培养为基础，以专业核心技术能力培养为主线，在对各专业技术发展趋势和应用模式进行广泛了解与深入分析的基础之上，依据行业对应于高职层次人才所需要的主要工作岗位、涵盖的技术与管理知识及具体的岗位能力要求确定学习内容，通过 EPIP 教学模式设计课程体系，强调对核心岗位能力的培养，突出“做中学、学中做”。设计的关键是通过对本行业所涵盖的知识内容进行归纳、抽象与整合，将自然形成的工作过程序列与学习过程中学生循序渐进的认知心理顺序对应起来，建立课程之间的有机联系。专业课程体系由基础课模块、汉语模块、专业技能课模块、技能实践课模块构成，通过这些模块课程的学习，使学生掌握汉语和专业基础知识，具备专业技术能力，拓展专业技能，培养合格毕业生所应该具有的职业素质。实践教学体系主要由认知实习、顶岗实习等课程组成。

4. 教材资源建设

机电一体化技术专业开发《单片机应用技术入门》《机器人及工业 4.0 生产线实践（双语版）》《液压应用技术项目化教程》《工业机器人故障诊断与预防维护实战教程》教材 4 本。数控技术专业开发《数控车工技能实训》《电机控制技术》《传感器与检测技术》教材 3 本。物联网技术专业开发《物联网工程实施项目式教程》教材 1 本。机电一体化技术专业开发校本教材 3 本，物联网技术专业开发校本教材 3 本，新能源汽车专业开发校本教材 1 本。在信息化教学资源建设中，制作课件 232 个，视频资源时长 500 多分钟；开发题库 16 套，共 1600 道题；还制作了专业百词手册 2 本。

（高铁）铁道信号自动控制专业开发出版教材（中英文对照）2 本，

包括《联锁与轨旁信号设备维护》《铁路区间自动控制系统维护》；开发校本教材（中英文对照）4本，包括《通信线路维护》《铁路通信系统维护》《铁路交通控制与管理系统》《列车控制信号系统维护》。（高铁）动车组检修技术专业开发出版教材（中英文对照）2本，包括《动车组转向架与车端连接装置检修》《铁道车辆空调与通风系统运行维护》；开发校本教材（中英文对照）5本，包括《铁道概论》《动车组运用维修》《动车组总体技术与驾驶》《列车电气系统》《列车制动系统维护与检修》；配套7本实训指导书。另开发《汉语言与文化》（中英文版）等教材。出版中文教材3本，包括《铁道信号设备故障分析与处理》《动车组运用》《动车组牵引传动系统》。建设精品在线开放课程6门并配套课程资源，课程包括铁道车辆电气装置检修、动车组制动系统维护与检修、铁路信号基础设备维护、铁道概论、动车组牵引系统维护与检修、通信线路维护，连锁与轨旁信号设备维护课程在建设中。

四、师资队伍实力雄厚

1. 师资队伍数量与结构

（1）中方师资队伍情况

渤海中心共有双语教师55人，其中正教授5人，高级职称31人，研究生学历42人，参加各级各类比赛比武获奖23人次。

铁院中心师资团队由13名教师构成，其中教授3人，高级职称10人，硕士学位13人，参加各级各类比赛比武获奖35人次。

（2）泰方师资队伍情况

接受过中方培训的泰方教师已成为泰国鲁班工坊教学的专业带头人和骨干教师。渤海中心共有培训合格授课教师 18 人，其中机电一体化技术专业 5 人，物联网技术专业 3 人，新能源汽车技术专业 5 人，数控技术专业 1 人，语言教学专业 4 人。铁院中心共有培训合格授课教师 9 人，其中动车组检修技术专业、（高铁）铁道信号自动控制专业带头人共 2 人，骨干教师 7 人。

2. 师资培训培养情况

泰国鲁班工坊的师资队伍是以泰国大城技术学院的专业教师为主导的，项目建设前期接受了天津职业院校的专门培养培训。天津职业院校负责对海外合作单位的教师团队进行培训，以便更好地发挥鲁班工坊为合作国培养本土技术技能人才的作用。目前已培训教师 300 余人次。

项目建设前期，培训内容包括对海外合作单位的教学团队、管理团队进行系统化、阶梯式培养培训，使其掌握职教新理念、教学新模式、技术新应用，具备实际操作装备能力，能够培养学生掌握专业技术技能综合应用，培训企业员工掌握岗位技术技能实践应用。培训时间原则上不少于 3 个月。

项目实施过程中，中方院校根据师资培训方案和培训计划，每年选派教师到泰国实施培训，培训内容主要是提升泰方教师团队的教育理念、技术水平。培训时间原则上不少于 2 周。

天津渤海学院已培训教师 600 人次，通过鲁班工坊的建设，打造了一支具有从事国际化专业教学所需的跨文化知识、了解专业知识前沿动态、能够用双语讲授专业知识、具备国际思维和国际视野的“双语、双师、双能”的师资团队。“双语”是指教师既能使用中文授课，还能使用英文授课，甚至是使用鲁班工坊建设国语言授课。“双师”是指教师既要具备理论教学的素质，也应具备实践教学的素质，在获得教师系列职称外还需要取得另一职称。“双能”是指教师既要能胜任理论教学，又要能指导学生创新实践，在具备良好的班级管理、教学管理能力的同时，还具备良好的创新精神，善于组织和指导学生开展创造性活动。2022 年泰国鲁班工坊 EPIP 师资培训班通过空中课堂举行，扩大了师资培训涉及面，辐射泰国甘塔拉拉克技术学院、大城技术学院、甘塔拉技术学院、那空乌汶技术学院四所院校，共有 53 名教师接受了培训。

天津铁道学院采用“四双五能四有”的师资培训模式，为铁院中心培训教师 82 人次，使其师资水平得到全方位提升。“四双”即在培养

◉ 2022 年 6 月 29 日，泰国鲁班工坊六周年纪念活动暨 EPIP 师资培训班开班

过程中采取双讲、双练、双测、双证等形式；“五能”即提升教师的专业实践能力、教学能力、资源开发能力、信息化应用能力和自我学习提升能力；“四有”为师资培训的目标，即培养有国际视野、国际情意、国际知识和国际能力的高素质师资队伍。该学院用 2 年时间为泰方培养了 2 名（高铁）动车组检修技术、铁道信号自动控制专业带头人，7 名骨干教师。经过培训的泰国教师，专业能力得到大幅提升，能够熟练应用 EPIP 模式实施教学，专业知识、专业技能经过考核评价均有提高，教学质量评价均在良好以上。疫情期间，该学院积极探索线上教学新思路，勾勒出“多元结合，教学相长，分类施教”的教学导图，线上师资培训共计 44 人次。中泰携手奋进，“疫”路前行，中泰双方教师组成的教研团队还会定期开展教学研讨和资源分享。

接受培训的泰国鲁班工坊教师经培训考核合格，将获得结业证书，以便更好地在泰国鲁班工坊授课。

五、教学模式科学有效

泰国鲁班工坊采取工程实践创新项目（EPIP）教学模式。工程实践创新项目（EPIP），是工程（Engineering）、实践（Practice）、创新（Innovation）、项目（Project）四个关键元素的有机组合。EPIP 是结合技术技能人才培养的中国实际创立的一种教学模式，是以实际工程为背景和基础，以工程实践为导向和贯穿，以能力培养为目标和归依，强化实践创新，强化项目统领的技术技能人才培养的教学模式。

1. EPIP 理论研究资源库

◉《EPIP 教学模式》泰文译著

启动 EPIP 理论研究资源库建设，充实 EPIP 教学研究中心（泰国）理论研究基础，开展《EPIP 教学模式》泰文译著的专题“云”教研、EPIP 教学资源泰国本土化等相关工作。

渤海中心系统探索了“身临其境”的课程导入方式、基于“面线点”脉络的“知技素点”解析，“首体羽翼”有机融合的鹰式学习模式以及“三服务”课程考核方案，构建了 EPIP 标准化教学运行体系。

◉ 在泰国鲁班工坊揭牌仪式上，吕景泉教授将其主编的 EPIP 中英文系列教材及相关教学资源赠送给泰国鲁班工坊。在工坊后续运营中，泰国大城技术学院时任院长哲仁表示，要组建团队将其翻译成泰语。2022 年，EPIP 教学研究中心（泰国）完成了翻译，《工程实践创新项目教程（泰文版）》在泰国出版。

2. EPIP 立体化教学资源

天津渤海学院编印了《工程实践创新项目教程》，组织国际专业编写了《EPIP 教案集》，制定了基于 EPIP 的国际专业人才培养方案，完成 50 门课程标准建设。应用 EPIP，服务传统技艺与现代工艺融合，设计开发了鲁班锁现代技能大赛装备。举办了五届 IEEE 电脑鼠走迷宫国际邀请赛，开发了基于 EPIP 教学模式的各类教学资源，泰国鲁班工坊的自动化生产线安装与调试设备已经成为东盟国家的职业教育技能比赛的指定设备。

天津铁道学院依据产业、行业、企业需求，针对高铁领域职业岗位（群）要求，以校企共同确定的专业核心技术技能需求为主线，整体规划专业课程体系，明确每门课程的核心知识点、技能点和素养点，形成基于工程实践导向、真实任务驱动的项目。以动车组检修技术、铁道信号自动控制等专业核心技术技能为中心，通过课程设置、教学环境、顶岗实习、能力等级（职业资格）与专业核心技术的“四个一体化”进行专业建设，开发了 13 门核心课程的课程标准，并采用 EPIP 模式编撰了 13 本配套教材。以典型案例教材为例，《动车组的“飞毛腿”转向架检修案例》以真实的动车组转向架检修作业场景为背景，以转向架检修实际工程项目为统领，按照认知工程、工程实践、自主创新的训练顺序，通过从简单到复杂、从单项到综合的技能训练方式促进学生知识学习及技能、素养的提升，培养学生爱岗敬业、精益求精的职业精神及勇于探索、大胆尝试的创新能力，契合 EPIP 教学模式的内涵。

六、人文交流丰富多彩

鲁班工坊得到了中泰两国师生的热烈欢迎，两校对等互派优秀师生组成“百人团”进行“百日行”互培交流，已经形成惯例。先后组织了天津渤海学院150余名师生到泰国开展技术交流和学访，接收4批共150余名泰国短期培训师生来津学习。天津铁道学院接收了20名泰国短期培训学生来津学习，还举办了“天津·渤海周”“泰国·大城周”活动，有力推进了中泰人文交流。鲁班工坊在泰国留学生中广泛开展“六个一”活动，即起一个中国名字，结交一个中国朋友，学会一项专业技术，学会写一手中国字，学会制作一个中国的手工艺品，爱上并学会做一道中国菜。

铁院中心成立以来，吸引了日本、南非及东南亚有关国家近千人次前来参观学习、洽谈合作，同时吸引了泰国大城的中小学校学生前来参观，成了高铁技术的科普宣传基地和高铁人才培养基地。铁院中心与泰国9所院校签署“中泰高铁职业教育联盟”合作备忘录，形成了覆盖泰国全境、辐射东南亚的高铁专业国际化人才培养体系。泰国科技部、泰国驻华大使馆、泰国国家铁路局、泰国皇家理工大学等20余家单位来天津考察交流、寻求合作，天津铁道学院与泰国皇家理工大学签署合作备忘录，成为中泰人文交流的友谊桥梁。

◉ 泰国鲁班工坊留学生在中国欢度宋干节

1. 开展中外交流培训，孵化留学生实践基地

天津渤海学院深入贯彻落实《留学中国计划》《国家中长期教育改革与发展规划纲要（2010—2020年）》《天津市中长期教育改革和发展规划纲要》文件精神，以提高外国留学生综合文化素质、提升外国留学生专业和综合技能、提升外国教师理论和实践教学能力为主导，通过建设外国留学生实习实践基地、外国留学生文化体验基地、外国教师培养培训基地，打造学院国际交流新平台，开创学院国际交流工作的新局面。

学院历来重视留学生的理论学习和教学实践的衔接与融合，外国留学生实习实践基地的建立是创新留学生培养模式和提高留学生人才培养质量的重要举措。经天津市教委批准，天津渤海学院成为首批天津市外国留学生实习实践基地建设单位。

1）立足服务，创新引领，建设外国留学师生实习实践基地

（1）全方位加强实践基地建设

建设了涵盖装备制造、电子信息、资源环境与安全、生物与化工、食品药品与粮食、财经商贸等专业大类的24个校级外国留学生实习实训基地，有全球化企业战略管理综合实践教育中心、数控操作技能实训中心、自动化生产线安装与调试实训室、机电一体化工业4.0实训基地、EPIP物联网技术体验培训基地、DOP生产技术基地、

◉ 联合建设中泰创新创业合作研究中心签约仪式

EPIP 体验中心、国际留学生创新创业实习基地、精酿啤酒创研工坊、食品加工实习实践基地、药物制剂生产实训基地、化工安全技术实训基地、手工皂创意实训室、污水处理实训中心、橡胶加工实训室、机器人智能装备实训室、智能无人机实训基地、智能家居体验实训室、新能源汽车留学生实训室、电商与营销实训室、物流实训基地、工程测量实习实践基地、建筑工程施工虚拟仿真实习实践基地、预制装配仿真实训基地。发挥学院的资源优势，培养国际化、综合型、实用性人才，为在津留学生提供实践、实习、创业的良好平台，为学院外国留学生教育创造更好的条件。

建设了外国教师培训培养基地。重点打造了机电一体化技术、新能源汽车技术、机械制造与自动化技术、物联网技术 4 个专业的外国教师培养基地。通过外国教师培养培训项目，提升了泰国鲁班工坊外籍教师的课堂教学理念与教学技能，实现了中外文化交流与融合研究，提炼与分享了外国教师教育教学经验，提升了外国教师理论教学、实训教学水平。

（2）全过程深化人才培养模式创新

实训基地可提供 1 天短期参观、2—3 天短期体验、2—3 周短期培训等实习实训。短期参观主要了解实训基地主要项目内容。短期体验主要是了解实训基地主要项目内容，体验项目工艺流程。短期培训为了解实训基地主要项目内容，学习项目工艺流程，学习实训课程技术要领。

做好外国留学生实习实践基地的资源建设。根据留学生实习实践的不同需求，分别制定了短期参观、短期体验、短期培训、中长期培训四种方式的培训方案，编写出版了国际化培训教材 8 本，制作课件 60 个、动画 60 个、视频时长 300 分钟。目前正在筹建智能制造领域中外人文交流人才培养基地。

2）学思践悟，品味文化，设立外国留学生文化体验基地

外国留学生文化体验基地设在众创空间中华传统文化教育基地，通过建设外国留学生文化体验基地，增进外国留学生对中国传统文化的理解和认同，促进其中国文化素养的养成和跨文化交际技能水平的提高，培养知华、友华、爱华人士。

（1）在目标与功能上，构建符合留学生特点的文化体验基地

以“创新文化体验实践教学模式”为重点，以“留学生认知和理解中国文化”为主线，以“提高留学生跨文化语言交际能力”为目标，探寻留学生语言与文化教育的本质属性，努力让留学生能够在更加真实的社会文化中进行体验，获得文化信息，形成文化理解，最终提高跨文化语言交际的能力。

（2）在建设模式上，以校内建设为主、校外建设为辅

在校内重点建设班墨文化与工匠精神展示区、红三角文化展示区、七二九互动区、中国书画展示体验区、中国传统曲艺文化展示区、中国民俗文化展示区、6个外国留学生文化实习实践基地。与山东省滕州市鲁班纪念馆、天津市长芦汉沽盐业展览馆共建校外留学生文化体验基地2个。

（3）在内容体系上，体现中华文化多样性特征

班墨文化与工匠精神展示区：主要开展班墨文化宣传，弘扬中国工匠精神。通过搭建微缩模型、利用能力源插件等，开发“云梯在现代高楼逃生中的应用”项目，展示古代技术在现代的应用。可体验鲁班发明的云梯、钩强、墨斗、刨子、锯子、锁钥、碾子、砻、磨等多种机具，通过交互智能平板进行榫卯结构的3D体验。组织“丝路花雨·印象鲁班”文艺展演。

红三角文化展示区：主要开展中国近代化工文化——红三角品牌文

◉ 泰国留学生到山东滕州鲁班纪念馆参观

化的宣传，让外国留学生感知中国民族化工业的奠基人范旭东，中国科学家、化学工业先驱侯德榜的光辉事迹，了解中国近现代化工产业发展历程，弘扬中国现代工匠精神。

七二九互动区：分为“729”文化体验、产品展示销售区、运动训练比赛区，旨在推进健康产业进校园，弘扬国球文化，在校园内实现企业产品展示、技术研发、文化传承、人才培养及销售创业。

中国书画体验展示区：主要为中国书法、绘画展示，可提供书画创作体验。

中国传统曲艺文化展示区：展示古筝、琵琶、快板等中国乐器，展示中国戏曲服装，可提供乐器弹奏、脸谱描绘等体验。

中国民俗文化展示区：展示中国传统民俗体育器材（如毽子、空竹）、中国古代兵器等，可提供踢毽、抖空竹、打太极等中国民俗体育与武术的体验，旨在让更多的外国留学生认识和了解中国民俗体育和武术的特点、武术修养和精神文化，感悟中国精神，提高技艺，强身健体。

3）崇尚劳动，注重实践，打造中外学生劳动教育基地

天津渤海学院为加强培养中外学生的劳动精神，将“劳动光荣、技能宝贵、创造伟大”的理念融入学生学习生活各方面，充分利用好校内劳动教育基地锻炼中外学生的动手操作技能，注重其正确的劳动观养成，让其通过劳动，始终不忘对劳动者的尊重、对职业和匠人技能的敬畏、对匠心精神文化的追求。

（1）重构融合，打造劳动教育教学新课堂

多年来，天津渤海学院注重提高学院学生和外国留学生劳动实践能力、提升中外学生综合技能，通过建设中外学生劳动教育基地，打造学院中外学生劳动教育基地新平台，开创劳动教育新局面。劳动教育基地建筑面积 500 平方米，基地内包含植物种植体验中心、汽车养护技术服务和体验中心、留学生中国美食烹饪技能劳动实践中心、智能制造中心、粮食食品认知体验中心、配钥匙简易体验中心、建筑工程模型制作中心等。基地配有专业辅导、讲解人员等师资队伍，能结合劳动实践教育需求，提供中、英、泰三种语言的讲解、示范和辅导教学。基地可提供 4—8 课时的短期参观、16—24 课时的短期体验及 40 学时的短期劳动体验。

（2）升级赋能，拓展劳动实践新载体

重点建设综合性劳动教育实践基地，满足学生对于农业劳作、加工制造、服务体验、创新实验的系统化劳动实践需求，将劳动教育与高新科技、非遗文化、现代农业等相结合，发挥好学生科技社团的带动作用，打造适合留学生的劳动实践课程。

2. 中国天津职业院校师生海外拓展基地揭牌

按照天津市教委倡导的“天津市职业院校教育资源，愿意向包括泰国在内的所有东盟国家的职业院校师生开放”的原则，天津渤海学院与泰国大城技术学院共建师生海外拓展基地，并于2017年5月22日为基地揭牌。为了进一步促进两校之间师生的友好往来，增进友谊，加深了解，培养具有国际视野的技能人才，两校将各自的校园技术实践训练基地向彼此师生全面开放，接纳来自双方国家的师生学习、交流、培训，并提供方便条件。

在揭牌仪式上，吕景泉在会见泰国留学生代表时提出：一是要利用去天津市之前的几个月努力学好汉语，解决好语言问题；二是要积极学

◉ 2017年5月22日，中国天津职业院校师生海外拓展基地揭牌

习职业教育先进的理念，掌握先进的设备；三是要广泛交友，做中泰文明的使者。留学生纷纷表示，感谢天津市教委、天津渤海学院给予的支持和帮助，要努力学习汉语和专业知识，为中泰友谊做出贡献。

基地先后接待了天津渤海学院 150 余名师生到泰国开展技术交流和学访。

3. “天津·渤海周”“泰国·大城周”活动纷繁多彩

（1）“泰国·大城周”活动在天津举办

借职教活动周和全国职业院校技能大赛之势，向“一带一路”沿线国家展示天津职业教育风采，扩大中国职业教育国际影响力。经与泰国大城技术学院协商，决定在 2017 年 5 月 8 日至 15 日期间同时举办中泰职业教育合作交流“泰国·大城周”活动。

“泰国·大城周”期间开展了一系列庆祝活动，包括：中国·东盟职业院校高峰论坛、EPIP 国际联盟论坛，IEEE 电脑鼠走迷宫国际邀请赛，“百年民族产业与职业教育交织与传承”体验活动，中泰职业院校学生作品展，《鲁班工坊——职业教育国际合作新支点》新书发布会及“泰国大城园”揭牌仪式及栽种友谊树仪式。

来自泰国、新加坡、越南、印度尼西亚、东帝汶和柬埔寨的政府领导、院校领导和代表共 42 人参加了此项活动。新加坡、泰国、中国的专家学者就工程实践创新项目（EPIP）教学成果进行了分享交流。

（2）“天津·渤海周”活动在泰国举办

2017 年 5 月 22 日，中泰职业教育合作交流“天津·渤海周”活动在泰国大城技术学院举行。泰国金佛寺副住持帕龙芒克拉赞·赵昆通猜、

◉2017年5月9日，“泰国大城园”落户天津渤海职业技术学院

大城府省长素金、时任教育部职业教育委员会秘书长素贴、大城府副省长皮谦，时任天津市教委副主任吕景泉、天津渤海化工集团有限责任公司副总经理刘振军等领导出席活动。

赵昆通猜在讲话中提出，在过去一年里，他见证了鲁班工坊在泰国的蓬勃发展，感谢天津市的支持。中国“一带一路”倡议和京津冀协同发展战略为中泰、大城和天津之间的交流合作发展带来新的机遇，他将一如既往地支持鲁班工坊的发展，支持两地间的各项合作、交流，并要求大城技术学院努力办好鲁班工坊。

吕景泉在讲话中提出，在泰国鲁班工坊成立一周年庆典之际，我们带来的第一种东西，是中国国字号运动——乒乓球，它为鲁班工坊增添了运动文化盛宴。“729”在中国、在世界上都是非常知名的运动品牌，中国有句话叫“工欲善其事，必先利其器”，我们“729”乒乓球器材，从台子到球都是最好的设备。预祝今天一周年庆典圆满成功；面向未来新的一年，希望鲁班工坊越办越好，影响力更大，特别是在哲仁院长带领下，能够落地生根，取得更大成就。

刘振军向泰国大城技术学院师生赠送了乒乓球器材和礼物。他指出“729”体育器材是渤海化工名牌产品之一，“729”既是中国名牌，又是世界名牌。“729”曾经帮助30多名乒乓健儿夺得世界冠军，希望“729”器材也能帮助泰国和大城技术学院的学生夺得世界冠军。

与会领导共同为729文化体验中心、EPIP教学研究中心和海外师生实践拓展基地、天津渤海园揭牌，并种下中泰友谊之树。

◉729文化体验中心落户泰国鲁班工坊

◉ “天津渤海园”落户泰国大城技术学院

4. 开展战略合作，传承班墨文化

2018 年 5 月 28 日，鲁班工坊研究与推广中心同滕州市墨子研究中心办公室签署战略合作协议。时任天津市教委副主任吕景泉，滕州市委常委、宣传部部长朱晏辰等领导出席签约仪式。

双方共同明确，为进一步弘扬、传承班墨文化，丰富鲁班工坊的文化建设内涵，按照“优势互补、互利共赢、扎实推进、成果共享”的原则，鲁班工坊研究与推广中心同滕州市墨子研究中心办公室在弘扬班墨文化方面开展全方位战略合作，包括建立协同发展联席会议制度、人员交流互访机制和活动参与机制，共同建立班墨文化、鲁班工坊的推广、研究机构，建立国际人文交流合作机制。

◉ 签约仪式现场

吕景泉在讲话中提出，天津市作为国家现代职业教育改革创新示范区，主动服务国家“一带一路”建设，以“大国工匠”鲁班为形象依托创设了鲁班工坊，旨在配合国际产能合作，为合作国培养熟悉中国技术、了解中国工艺、认知中国产品的当地技术技能人才。鲁班工坊现已上升为我国人文交流国际知名品牌。作为鲁班工坊的研究与推广机构，鲁班工坊研究与推广中心已成为国字号品牌。山东滕州是鲁班、墨子的故里，是中华民族的文明发源地之一，具有悠久的文化历史。近年来，围绕我国优秀传统文化的传承和弘扬，滕州市墨子研究中心办公室组织开展了一系列卓有成效的文化普及工作，并建设了以鲁班纪念馆、墨子纪念馆等为代表的传统文化育人基地，挖掘和传承了鲁班、墨子思想。

吕景泉提出，未来鲁班工坊研究与推广中心与滕州市墨子研究中心办公室将加强沟通，努力在以下几方面开展深度合作交流：一是要做好中华优秀传统文化挖掘、开发、普及、研究、传承、创新以及再利用。

探究中华优秀传统文化，研究班墨文化对职业教育的影响，充分发挥滕州市墨子研究中心和鲁班工坊的平台作用，适时举办班墨文化国际论坛。二是要做好班墨文化进校园、进课堂工作。适时开设班墨文化通识课程，探索课堂教育与网络教学相结合的方式，推进班墨文化的职教课程建设。三是鲁班工坊研究与推广中心要切实发挥作用，要与中国墨子学会积极沟通联络交流，探索建立天津班墨文化研究学会。四是要做好鲁班工坊的学术研究工作，创新工作举措，与滕州市墨子研究中心一道，挖掘创新内涵，切实取得成效。五是要积极搭建平台，举办文化交流活动，举办好鲁班锁拆解大赛。六是天津渤海学院要建设鲁班工坊实体的纪念馆。

◉ 鲁班工坊留学生参观鲁班纪念馆

◉ 泰国鲁班工坊留学生游览长城

◉ 在中泰职业院校学生作品展上，泰国鲁班工坊留学生表演传统舞蹈

第三篇 泰国鲁班工坊效应

篇引语

鲁班工坊对于推进“一带一路”建设和中外人文交流具有重要意义。人文交流又被称为“文化外交”“民间外交”，在现代国际关系机制中，它与政治安全合作、经济贸易合作起着同等重要的推动作用，而且能够有效推动这两个方面的发展。泰国鲁班工坊自揭牌启运以来，为当地青年人提供了先进的职业技能培训，增加了就业机会，受到泰国民众的欢迎。围绕着鲁班工坊建设和运营，中泰两国进行了丰富的教育、文化、艺术交流与合作，推进了“一带一路”共建，促进了两国民心相通，取得了良好的国际交流成效。鲁班工坊在中泰两国共同提升技术技能人才培养质量、传播中国职业教育和工匠精神以及构建中国特色职业教育话语体系等方面承担着重要使命，已经成为我国职业教育与培训国际合作领域中具有显著国际影响力的人文交流知名品牌。泰国鲁班工坊确立了鲁班工坊品牌内涵，验证了鲁班工坊核心要义、建设方案、实施策略的可行性，树立了鲁班工坊从理论到实践的建设标杆。

◎2017 年 5 月 9 日，EPIP 国际教育联盟成立

◎2017 年 5 月，EPIP 教学研究中心（泰国）揭牌

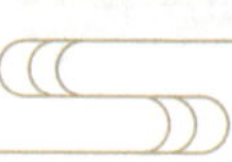

◉2018 年 1 月 10 日，鲁班工坊研究与推广中心揭牌

◉2019 年 9 月，泰国鲁班工坊留学生参加泰国首届职业教育宝石王杯大赛，荣获金牌冠军诗琳通公主宝石王杯

◉2022 年 8 月，首届世界职业院校技能大赛迷宫机器人赛项比赛现场

◉2019 年 5 月，鲁班工坊学生参加智能鼠走迷宫竞赛

第七章 /鲁班工坊研究与推广中心成立

章引语

随着鲁班工坊的建立，亟须建设一个专门机构，对鲁班工坊的建设标准、管理制度与宣传推广等方面进行系统研究，以规范化、制度化的监管机制保障鲁班工坊的可持续发展，在教育部职成司指导下，天津市教委决定在天津渤海学院创设鲁班工坊研究与推广中心。

2018 年 1 月 10 日，鲁班工坊研究与推广中心揭牌仪式在天津渤海学院举行。泰国教育部职业教育委员会高级顾问瓦尼、时任教育部职成司司长王继平的特别代表雷鸣副司长、时任天津市教委副主任吕景泉出席，中泰 11 所院校的师生代表 200 余人参加了仪式。

教育部职成司充分肯定了天津市教委在职业教育和职业教育国际合作方面取得的丰硕成果。职业教育是中国国民教育体系和人力资源开发的重要组成部分，中国职业教育瞄准现代化的目标，建成了世界上规模最大的职业教育体系，形成了更加完备的制度标准，产教融合、校企合作特色更加鲜明，职业院校办学条件持续改善，走出了一条有中国特色的发展道路。近年来，中国职业教育积极扩大对外开放，打造了一批“走出去”的重要的办学品牌，鲁班工坊就是标志性的成果之一。今后一个时期，职业教育将进一步扩大开放。党的十九大报告对决胜全面建成小康社会、夺取新时代中国特色社会主义伟大胜利做出了战略部署，对推动形成全面开放新格局，完善职业教育和培训体系，深化产教融合、校企合作提出了新要求。未来，中心将瞄准职业教育现代化目标，将职业教育作为教育领域国际交流与合作的重点，努力将其纳入中外人文交流的机制当中去，并以更加开放的心态，深化既有合作关系，拓展新的合作项目，承担更多的国际责任，为中国职业教育走向世界做出更大的贡献。要形成共同完善合作机制，搭建更加高效的合作平台，进一步扩大全国职业院校技能大赛合作范围，组织开发和共享优质的教育教学资源以及标准，更好地发挥职业院校的主体作用，突出合作实效，加快形成一批有代表性的合作成果，充分发挥科研机构的重要作用，加强专业咨询项目跟进科学研究的功能，为合作提供更加有力的支撑。

鲁班工坊研究与推广中心的定位是在教育部职成司指导下、天津市教委直接领导下，联合天津市职业院校、教育科研单位共同进行鲁班工坊的理论研究与实践探索的研究机构，全面负责海外鲁班工坊的规划设计、建设规范、师资培训，以及对鲁班工坊的建设成效进行评价监管与示范推广工作，同时联合鲁班工坊合作院校、企业等多方力量进行中国与“一带一路”沿线国家职教政策比较研究、鲁班工坊的资源开发等工作。

第八章 / 中泰职业教育研究中心成立

章引语

泰国鲁班工坊建立以来，受到了中泰两国乃至世界职业教育界的关注，为进一步深化鲁班工坊内涵建设，中泰双方经过多次协商，决定在天津渤海学院建立中泰职业教育研究中心，在泰国建立工程实践创新项目（EPIP）教育研究中心，共同推进两国职业教育的交流与发展。

2016 年 10 月 24 日，中泰职业教育研究中心揭牌仪式在天津渤海学院工程实践创新项目体验中心隆重举行。该中心以天津渤海学院和泰国大城技术学院共建的鲁班工坊为载体，致力于推动中泰职业教育理念的交流与借鉴，推广先进技术教育理念。由中国天津市与泰国的职业教育研究专家和学者组成研究的开发团队，共同开展中泰职业教育改革发展和政策研究，开发中泰职业教育国际化标准，为中泰职业教育国际化

◉2016年10月24日，“中泰合作建设机电一体化国际专业签约仪式暨中泰职业教育研究中心揭牌仪式”在天津渤海职业技术学院工程实践创新项目体验中心举行

专业建设等提供决策咨询、推广和宣传等服务，开展中泰职业教育学术、教学交流活动，扩大中泰职教合作，以实现职业教育对外开放，促进对外输出先进技术，服务“一带一路”倡议。中心基于泰国社会经济发展的需求进行技术技能培训、泰国职教师资培养培训及与天津市职业院校相近层次的学历教育。中心在中泰职业教育合作项目的基础上，提供更先进的教学装备，打造鲁班工坊的硬件环境；共同建设优质的双语教学资源，提升人才培养的软实力；在项目建设过程中，着力培养双师双语型师资队伍，提高专业建设和改革的水平，使用先进的教学方法和教学手段，全面提升教学质量，积极探索海外职业教育学生培养的方法和途径。

中泰职业教育研究中心是天津市第一家专门研究中泰职业教育的机构，对于中国高职教育“走出去”意义重大。中心的建设旨在扩大中国与“一带一路”沿线国家的职业教育合作，并为中国高职教育进入泰国出谋划策，为中国高职教育的战略输出提供强大的理论支持。

中心先后派遣行政管理人员、专职教师共计 50 人次赴泰国调查研究，和泰国职业教育联盟签署了合作协议，深入调研了泰国大城技术学院、泰国萨拉布里和巴吞他尼等地 25 所学校，以及泰国职业教育联盟合作的泰国西部数据、SANGARIA 等跨国企业，为中心进行中泰教师培训和交流、开发职业资格标准以及课程标准，创新学生培训方式、方法以及教学内容等打下了良好的基础。

目前，中心组织国际化课题研究 53 项，参编了《鲁班工坊》《鲁班工坊核心要义》等著作，发表论文 28 篇。天津铁道学院教师就国际化合作办学、留学生教育教学、鲁班工坊建设运营情况等开展了 28 项系统的学术研究，发表论文 17 篇。天津渤海学院主持的项目“中泰职业教育研究与探索”荣获 2018 年职业教育天津市级教学成果奖一等奖，牵头主持的项目“开发国际化专业教学标准，创设‘鲁班工坊’ 职业教育国际合作的研究与实践”荣获 2018 年职业教育国家级教学成果奖一等奖。中心现阶段业已完成四项重要工作：（1）以“工程实践创新项目”为教学模式的国际化机电一体化技术专业人才方案的编写工作；（2）60 门国际专业课程标准制定；（3）“工程制图与 CAD”“电工电子技术”“机器人系统拆装与实训”等多门课程的课程标准建设工作；（4）“工程制图与 CAD”“电工电子技术”“可编程控制器原理及应用”等 14 门课程的中英文双语校本教材的编写工作。

◉EPIP 首创者吕景泉主编的《工程实践创新项目教程》在 2012 年出版中文版，2013 年出版英文版

第九章 / 中国特色教学模式广泛推广

章引语

由中、美、泰等8国的20余所院校共37名知名专家学者发起的EPIP国际教育联盟成立5年来，打造了以年会为中心的国际研究与交流平台，与多国教育行政部门、院校和行业企业共同推动中国职业技术教育创新成果——工程实践创新项目（EPIP）的研究、实践、推广和发展，在鲁班工坊建设、国际专业标准和师资培训、国赛装备开发、教学资源建设等方面取得了显著成效，吸引和聚集了越来越多的中外院校应用EPIP教学模式，探索出了一条理念共识、模式共享的发展路径。联盟效应已得到充分发挥，这种效应源于EPIP教学模式为解决“教师如何教，学生如何学”这一世界教育共性问题提供的教学整体方案，即“五观、四元、三谛、两核、一宗”，旨在构建中国特色的职业教育教学话语体系。

一、工程实践创新项目体验中心建成

◉ 工程实践创新项目体验中心

2016年5月，工程实践创新项目体验中心在天津渤海学院建成，总占地面积1 300平方米，包括机器人创新互动区、电脑鼠走迷宫竞赛区、POWERON实训区、智能制造学习区、自动化生产线教学区、新能源汽车技术体验区等六大区域，集"教、学、做、赛、训"为一体，内容设置丰富，例如机器人创新互动区设有防化工泄漏和防核泄漏机器人等，新能源汽车技术体验区包含新能源汽车整车、实训设备、信息化教学资源等。与普通的实训基地不同的是，在这里，化工、信息化等多个相关专业课程的集成知识全部浓缩在项目中，每个项目都按照"工程"的概念进行管理，从功能需求分析到具体设计方案实现，均由学生自行完成。

1. 机器人创新互动区

机器人创新互动区设有人工智能机器人项目：机器人声、光、电、智能控制表演大舞台，NAO智慧机器人才艺表演，机器人走T台表演，能力源仿生机器人自主创意设计各种小动物（如小狗、蝎子、八爪鱼等）生动表演。还有化工危险环境下机器人应用项目，如救火机器人、防化工泄漏机器人、防核泄漏机器人、引导机器人、仿生机器人等。

2. 电脑鼠走迷宫竞赛区

电脑鼠走迷宫竞赛区引入了风靡全球的电脑鼠走迷宫竞赛的比赛场地、精准的电子计分系统及学生练习实训的场地设备。

3. POWERON 实训区

POWERON 实训区设有能力源创新课程套件，体现光机电结合、软硬件结合、控制与化工工艺结合，在演绎“工程”课程概念的同时，延伸和扩展了“创新”课程的理念，使得学生的学习内容和教师的授课方式都有全新的内涵，真正着眼于学生综合素质的培养。

4. 智能制造学习区

智能制造学习区配置 KUKA 公司 6 个自由度、串联关节型工业机器人及全套工业机器人离线编程仿真技术与应用教学资源。

5. 自动化生产线教学区

自动化生产线教学区以亚龙自动化生产线为载体，生产线由供料单元、加工单元、装配单元、分拣单元以及输送单元等五部分组成，可使学生深入掌握机械技术、气动技术、传感器技术、交流电动机变频调速和步进电动机驱动控制、触摸屏技术、PLC 技术以及通信网络技术等。

6. 新能源汽车技术体验区

新能源汽车技术体验区可体验新能源汽车整车、实训设备、信息化教学资源等内容，可实现新能源汽车模块化教学实训，促进职业技能实训资源整合和共建共享，为行业培养应用技能型人才。体验区不仅是“教、学、做”为一体的教学实训中心，还能够承担全国职业院校技能大赛的比赛任务。

二、工程实践创新项目国际教育联盟成立

1. 面向世界的 EPIP 话语构建与发展脉络

只有提高把握时代、把握国内国际两个大局的自觉性和能力，才能建构具有现实穿透力和超强解释力的话语体系。EPIP 是在全球化语境下中国职业教育机构和教育工作者立足于中国特色职业教育的长期理论研究和教学实践，关心和研究世界职业教育面临的共同问题，用世界视野和时代视野，汲取中国古代教育观念、近现代职业教育思想，借鉴国际职业教育先进理念，创新发展出来的具有中国特色的职业教育理念和教学模式。

“话语的背后是思想、是道。”EPIP 以“五观、四元、三谛、两核、一宗”归纳了项目的模式内涵。五观，即纳观（知技素点）、微观（课程论）、中观（专业论）、宏观（教育论）及达观（办学思想）；四元，即四个关键元素，分别是工程化、实践性、创新型和项目式；三谛，即

EPIP 的“原”实谛、“代”名谛、“衍”合谛三个境界；两核，即“真实”和“完整”两个核心；一宗，即知行合一的宗旨。

从某种意义上说，理论创新的过程就是发现问题、筛选问题、研究问题、解决问题的过程。EPIP 通过再现现实生活与工程技术应用的真实场景，将生产过程、生活过程与教育过程相融合，培养学生的自主探究和动手制造能力，助其形成解决实际问题的能力，成长为创新型、复合型、应用型技术技能人才。

近十余年来，中外教育工作者和专家学者群策群力，致力于 EPIP 的实践探索、理论研究、经验总结、模式推广，将其应用推广拓展到技能竞赛赛项设计、教学装备研制、教材资源开发、鲁班工坊建设等领域，验证了 EPIP 在职业教育领域的有效性和适用性。目前，“推广工程实践创新项目（EPIP）教学模式应用”已经被写入教育部和天津市人民政府共建“新时代职业教育创新发展标杆”协议和《天津市教育现代化“十四五”规划》。2022 年，“推广工程实践创新项目（EPIP）教学模式应用”被载入《中国职业教育发展报告（2012—2022 年）》。

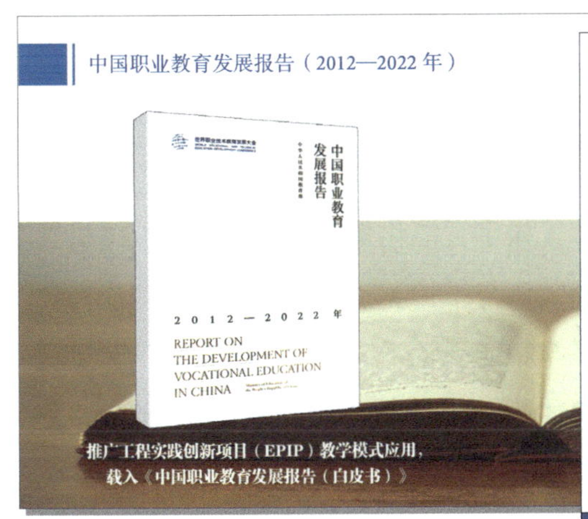

2022 年 8 月 20 日，中国教育部向全球发布《中国职业教育发展报告（2012—2022 年）》（以下简称《报告》），全面呈现新时代中国职业教育的办学成果，宣誓中国特色职业教育的发展未来。

《报告》第四篇《开放共享：面向世界的合作与展望》提道：

——擦亮“鲁班工坊”中国名片。中国将坚持平等合作、优质优先、强能重技、产教融合、因地制宜的原则，坚持“鲁班工坊”品牌核心要义，坚持共研、共建、共享、共用、共赢，不断优化和完善“鲁班工坊”全球布局。完善“鲁班工坊”联盟建设机制。继续鼓励有条件的职业学校在海外建设“鲁班工坊”，继续推动中国本土化、视野国际化的工程实践创新项目（EPIP）应用，发挥已建立的泰国、葡萄牙、埃塞俄比亚等国 EPIP 教学研究中心作用，给更多境外合作伙伴带去先进的教学模式、优质的教学装备。在推广应用已有国际化专业教学标准基础上，中外双方合作院校持续开发“落地”国际化专业教学标准、课程体系和教学资源，推进“鲁班工坊”的学历教育纳入合作国国民教育体系。

世界职业技术教育发展大会
World Vocational and Technical Education Development Conference
中国·天津 TIANJIN CHINA

◉ “推广工程实践创新项目（EPIP）教学模式应用”被载入《中国职业教育发展报告（2012—2022 年）》

工程实践创新项目（EPIP）教学模式的发展脉络

纪年	重要事件
2005 年	EPIP 首创者创建“核心技术一体化”专业建设模式
2006 年	EPIP 首创者主持开发教育部自动化技术类专业教学标准
2008 年	2008 年全国职业院校技能大赛高职组“自动线安装和调试”赛项在天津举办
2009 年	“高职机电类专业‘核心技术一体化’建设模式”荣获职业教育国家级教学成果奖二等奖，这是工程实践创新教学模式的雏形
2010 年	教育部高职高专自动化技术类教学指导委员会启动 EPIP 项目研究与推广应用。 2010 年以来，运用 EPIP 开发的“自动化生产线安装与调试”国赛赛项成为第八到十二届东盟技能大赛指定赛项，竞赛标准、国赛装备、教学资源走入东盟。 2010 年，EPIP 首创者开发的“自动化生产线安装与调试”课程获评国家级精品课程
2011 年	2011 年以来，运用 EPIP 开发的“四位一体”教材《自动化生产线安装与调试》《自动化生产线安装与调试（英文版）》出版。“自动化生产线安装与调试”课程获评国家级精品资源在线课程，《自动化生产线安装与调试》获评“十二五”职业教育国家规划教材和“十三五”职业教育国家规划教材。 《数控机床安装与调试》《楼宇智能化系统安装与调试》《机器人技术应用》《智能电梯装调与维护》《工业机械手与智能视觉系统应用》《工业机械手与智能视觉系统应用（英文版）》《现代电气控制系统安装与调试》《现代电气控制系统安装与调试（英文版）》《机电一体化设备安装与调试》《机电一体化设备安装与调试（英文版）》相继出版，其中《工业机械手与智能视觉系统应用》获评“十二五”职业教育国家规划教材

续表

纪年	重要事件
2012 年	2012 年 6 月，首届自动化工程实践创新国际交流会暨工程实践创新国际挑战赛在天津举办。 2012 年 9 月，创新课程配套的 EPIP 教学应用及教学资源参加南宁举办的首届中国－东盟职业教育论坛，参赛作品获得一等奖。 2012 年 11 月，《工程实践创新项目教程》中文版出版。 2012 年至 2014 年，连续举办三届“能力源”自动化工程实践创新国际挑战赛
2013 年	2013 年 6 月，《工程实践创新项目教程》英文版出版。 2013 年 6 月，全国职业院校工程实践创新项目大赛在上海电子信息职业技术学院举办
2014 年	2014 年，以“工程实践创新项目（EPIP）教学模式应用”为重要内容的教学成果，荣获首个职业教育国家级教学成果奖特等奖。 2014 年，《工程实践创新项目教程》获评“十二五”国家规划教材。 2014 年至 2017 年，天津在全国职业院校技能大赛中连续举办了四届机电技术工程实践创新赛项
2015 年	2015 年 5 月，EPIP 互动体验区落户全国职业教育技能大赛成果博物馆。 2015 年 12 月，天津市中等职业学校第一届“能力源”工程实践创新挑战赛开赛
2016 年	2016 年 3 月，全球首家鲁班工坊在泰国落成，EPIP 被作为其核心教育理念与世界分享。 2016 年 5 月，天津渤海学院建成 1 300 平方米的工程实践创新项目（EPIP）体验中心。 2016 年 5 月，工程实践创新项目参加天津市首届家庭与儿童创意节的科技展览

续表

纪年	重要事件
2016 年	2016 年 5 月，首届 IEEE 电脑鼠走迷宫国际邀请赛在天津举行。 2016 年 11 月，印度鲁班工坊 EPIP 师资研修班开班。 2016 年 12 月，天津中等职业院校技能大赛设立普职融通工程实践创新挑战赛
2017 年	2017 年 5 月，海外首家工程实践创新项目教学研究机构——EPIP 教学研究中心在泰国揭牌。 2017 年 5 月，EPIP 国际教育联盟在天津成立。 2017 年 5 月，第二届 IEEE 电脑鼠走迷宫国际邀请赛暨 2018 年世界 APEC 电脑鼠大赛中国选拔赛在天津举办。 2017 年 11 月，印度尼西亚鲁班工坊 EPIP 师资培训班举办
2018 年	2018 年 3 月，天津市人民政府办公厅转发市教委《关于推进我市职业院校在海外设立“鲁班工坊”试点方案》。方案明确提出，要提升已有鲁班工坊建设水平，充分发挥中泰两国 EPIP 教学研究中心的作用。 2018 年 4 月，巴基斯坦鲁班工坊 EPIP 师资研修班在天津开班。 2018 年 5 月，EPIP 国际教育联盟论坛在天津召开。 2018 年 5 月，第三届 IEEE 电脑鼠走迷宫国际邀请赛暨 2019 年世界 APEC 电脑鼠大赛中国选拔赛在天津举办。 2018 年 7 月，天津机电学院牵头申报的课题“基于‘工程实践创新项目（EPIP）’的教学模式研究与实践”获批教育部重点课题。 2018 年 12 月，葡萄牙鲁班工坊 EPIP 师资研修班在天津开班。 2018 年 12 月，印度金奈理工学院成立 EPIP 教学研究中心。 2018 年至 2019 年，印度尼西亚鲁班工坊开展了九期 EPIP 师资培训班

续表

纪年	重要事件
2019 年	2019 年 2 月，《EPIP 职业教育教学模式——改造我们的学习》出版。 2019 年 5 月，第三届 EPIP 国际教育联盟高峰论坛举行。 2019 年 5 月，第四届 IEEE 电脑鼠走迷宫国际邀请赛暨 2020 年世界 APEC 电脑鼠大赛中国选拔赛在天津举办。 2019 年 6 月，巴基斯坦、南非鲁班工坊 EPIP 师资研修班在天津开班。 2019 年 9 月，《EPIP 教学模式——中国职业教育的话语体系》正式出版。 2019 年 12 月，EPIP 被全面纳入《天津市职业教育“鲁班工坊”建设项目和资金管理办法》
2020 年	2020 年 11 月以来，“EPIP”课程论、“EPIP”专业论、“EPIP”教育论、“EPIP”工程化、“EPIP”核心要义等系列文章发表。 2020 年 12 月，《EPIP 教学模式——中国职业教育的话语体系》入选“中华文化走出去工作重点任务清单项目”，其英文版在英国新经典出版社（New Classic Press）出版
2021 年	2021 年 1 月，《工程实践创新项目（EPIP）解析》出版。 2021 年 3 月，《EPIP 教学模式——中国职业教育的话语体系》葡萄牙文版在英国新经典出版社（New Classic Press）出版。 2021 年 5 月，迷宫机器人项目参加第五届世界智能大会。 2021 年 5 月，第五届“启诚杯”智能鼠走迷宫国际邀请赛在天津举办。 2021 年 6 月，埃塞俄比亚鲁班工坊 EPIP 标准化进阶式培训班结业。 2021 年 6 月，第四届 EPIP 国际教育联盟年会在天津召开
2022 年	2022 年 4 月 28 日，埃塞俄比亚 EPIP 教学研究中心成立。 2022 年 5 月 6 日，天津中华职教社工程实践创新项目（EPIP）教学研究中心揭牌成立。 2022 年 6 月 26 日，第五届 EPIP 国际教育联盟年会在天津召开。 2022 年 8 月，迷宫机器人赛项、智能产线安装与调试、机电一体化等赛项入选首届世界职业院校技能大赛

2. EPIP 国际教育联盟发端与路径逻辑

“具有中国特色的 EPIP 教学模式话语是什么、为什么、怎么样、怎么用”的问题引出 EPIP 国际教育联盟的建立。EPIP 理念和模式提出后，其在教育教学、技能比赛、教学资源开发等方面的应用效果得到了国内外院校和行业企业的关注和认可。

（1）磁铁效应：EPIP 国际教育联盟成立

《工程实践创新项目教程》等系列教程的出版、职业教育国家级教学成果奖特等奖的获得以及在鲁班工坊建设过程中的应用，吸引了越来越多的院校、机构、学者和教育工作者加入 EPIP 的学习、研究与应用之中。为给中外各类机构、专家学者和教育工作者提供研究交流 EPIP

◉2017 年 5 月 9 日，EPIP 国际教育联盟成立

理念和实践的平台，推动开展 EPIP 国际化相关工作，2016 年国内外知名大学教授共同倡议、发起并组织筹建了 EPIP 国际教育联盟（EPIP International Education Alliance）。

2017 年 5 月 9 日，在中外各方的努力下，EPIP 国际教育联盟成立。联盟首届主席团由核心发起人组成，秘书处总部设在天津渤海学院，有关企业和泰国大城技术学院联合协作作为服务支撑。首批加入联盟的成员是来自中国、美国、泰国、柬埔寨等 8 个国家的 20 余家院校和行业企业，11 名中国知名职业教育学者、26 名国际职业教育学者被聘任为联盟专家。时任中国教育部职成司司长王继平宣布联盟正式成立，东盟有关国家政府官员与职业院校领导，我国有关省区市教育行政负责同志，中国石化行业协会、化工行业龙头企业等领导及中外优秀企业、相关院校代表共计 200 余人共同交流和学习 EPIP。

联盟以“服务构建人类命运共同体，服务中外人文交流，服务‘一带一路’建设，服务职业教育改革发展和职业教育现代化，服务高素质技能人才培养”为宗旨，借助国际智力资源、教育资源、企业资源，开展跨国界、跨专业的教育科技交流，推动 EPIP 教学模式的国际应用、推广、创新和发展。

（2）极化效应：EPIP 国际教育联盟壮大

随着更多成员的加入，联盟组织不断壮大。联盟授权天津渤海学院联合项目推广单位、泰国大城技术学院组建秘书处，负责联盟的日常事务、盟员沟通、协调联盟活动组织等工作，为盟员创建合作与交流平台。以美国麻省理工学院教授 David Otten、佐治亚大学教授宋文战、德国职教专家纳格、英国职业资格机构 Qualifi 首席运营官 Ray Brogden、中国台湾龙华科技大学教授苏景辉、法国图卢兹大学教授丹尼尔等为代表，波兰欧洲 – 亚洲商业教育基金会主席卡利克等世界各地教育领域知名学者、行业企业专家、工程技术人员（共百余人）及国外 50 余家院校、企业和数十个团体加入联盟，EPIP 教学模式在多个国家和地区的教育领域得到广泛推广和实践。联盟在天津渤海学院建设了 EPIP 体验中心，在泰国和印度分别成立了 EPIP 教学研究中心，在葡萄牙、吉布提等国家相继成立了 EPIP 应用中心或研推机构，这些中心或机构已经成为中外 EPIP 教学研究的集散地。

（3）路径逻辑：EPIP 国际教育联盟国际化

EPIP 国际教育联盟发展路径的核心在于联盟围绕 EPIP 共识、共享、共用的内外诉求及成员之间的交流与提升，遵循国际化的逻辑，组织建立交流、交融的通道。联盟通过举办论坛、校企互动、项目培训等多种形式，推动 EPIP 的国际应用和创新发展。

联盟创办了中国 – 东盟职业院校高峰论坛、中泰职业院校校长论坛、EPIP 国际教育联盟高峰论坛、“鲁班工坊”与产教融合国际论坛等系列论坛。中国 – 东盟职业院校高峰论坛有来自中国、泰国、新加坡的 80 多名专家学者分享 EPIP 教学经验，“鲁班工坊”与产教融合国际论坛有来自欧洲、非洲、亚洲的 15 个国家的 200 余位专家学者分享 EPIP 应用成果及经验。

2018 年 5 月 8 日，中国职教学会与天津市教委共同主办第二届 EPIP 国际教育联盟论坛，中国天津市教委领导、泰国大城省副省长、泰国中北部地区商会主席、泰国大城省基础教育服务部副部长等出席论坛，来自新道科技股份有限公司、泰国大城技术学院、山东商务职业学院、南开大学、英国伯明翰城市大学等单位的行业专家和院校教授，围绕 EPIP 人才培养模式研究与实践等展开交流研讨。

◉ 吕景泉教授在第二届 EPIP 国际教育联盟论坛上发言

2019 年 5 月 8 日，天津市教委主办第三届“EPIP 工程实践创新项目”国际论坛，论坛以“EPIP——改造我们的学习”为主题，来自中国、日本、马来西亚、泰国、印度、印度尼西亚的相关院校及 EPIP 国际联盟成员单位的 400 余位代表参加了相关活动。

2021 年 6 月 2 日，第四届 EPIP 国际教育联盟年会举行，年会以“EPIP，让学习更有效”为主题，联盟理事单位代表，专家学者代表，有关研究机构、职业院校的领导和代表，相关企业代表及海外合作伙伴等 150 余人参加会议。泰国大城省副省长、泰国大城市市长、泰国大城体育协会会长、泰国大城技术学院领导及泰国 EPIP 教学研究中心成员在泰国分会场出席年会。来自泰国大城技术学院、新加坡国际专家工教局 ITEES、美国海洋航空公司等单位的专家教授、高级工程师通过视频形式做了 EPIP 教学模式应用的经验分享。中国台湾龙华科技大学苏景晖教授，葡萄牙 Micromouse 竞赛组织委员会负责人、米尼奥大学 Rolando 博士，葡萄牙特拉斯奥斯蒙特斯大学安东尼奥·瓦伦特教授，美国佐治亚大学宋文战教授，以及柬埔寨国立理工学院 KEAT 教授等 EPIP 国际教育联盟特聘专家通过视频致辞。

2022 年 6 月 26 日，第五届 EPIP 国际教育联盟年会在中国天津和泰国大城同期举办，年会的主题为“改造我们的学习，相信 EPIP 的力量”，联盟理事单位、中外研究机构、职业院校、相关企业等 50 多家单位的专家学者在线上参加活动。泰国教育部职业教育委员会合作办公室主任拉迪萨瓦、天津中华职教社秘书长魏新兵、天津市教委职教处处长李力分别致辞。来自中国、泰国、埃塞俄比亚、葡萄牙、新加坡的专家学者共同进行了研讨。会上《工程实践创新项目教程（泰文版）》发布。

◉ 第三届“EPIP 工程实践创新项目”国际论坛

◉ 第四届 EPIP 国际教育联盟年会

◉ 第五届 EPIP 国际教育联盟年会

3. EPIP 国际教育联盟辐射范畴与成效

（1）鲁班工坊建设应用：着力培养所在国技术技能人才

EPIP 是鲁班工坊的重要教学理念与教学模式，指导亚、非、欧三大洲的 20 个国家建设了 21 家鲁班工坊，服务当地技能人才培养和经济社会发展。EPIP 国际教育联盟参与了鲁班工坊的建设与推广，在场地建设、师资培训、专业建设和教学资源开发等方面为中外双方合作院校提供咨询与服务，已取得良好的成果。2016 年以来，运用 EPIP 教学模式培养的鲁班工坊学生，多次在其所在国技能大赛中斩获各类奖项。在 EPIP 指导下，鲁班工坊的教学成果正在越来越深入地服务于所在国经济发展。天津市鲁班工坊研究与推广中心调查显示，87.5% 的鲁班工坊教师认为自身能够熟练地将 EPIP 应用到教学中，其中非常肯定能熟练应用的达 45.83%；87.5% 的教师认为 EPIP 的教学效果很好或较好，其中认为效果很好的达到 66.67%；88.4% 的鲁班工坊学生对鲁班工坊项目的教学方式满意，其中十分满意的达 52.17%。

（2）国际专业教学应用：全面提升职业院校办学质量

EPIP 教学模式用工程化及时体现产业新变化，主动适应新常态下经济社会发展对应用技能人才提出的新要求，促进授课教师提升工程能力，将教学内容引入工程案例，使教学过程具有工程属性，使教学现场仿真工程环境，它已成为将产教融合、协同育人机制落实到操作层面的一种工具，创新人才培养模式、构建教学标准体系的一把“新钥匙”。

在 EPIP 国际教育联盟的推动下，天津职业院校以 EPIP 创新应用为主线，以真实的工程项目为主导，设计整个专业教学的各个环节，以项目驱动、真实任务建构课程体系、教学内容和教学方法，全面提升学生的综合职业能力水平和创新能力水平。联盟还支持各职业院校应用

EPIP开发了50个国际化专业教学标准，编制了《高职高专国际化专业教学标准》等。这些国际化专业教学标准具有鲜明的中国特色，立足于职业能力标准的国际对接，针对跨国企业对技术技能人才的需求，着力开发反映国际发展趋势的专业课程，以世界水平建设为保障，以国际权威职业资格证书为龙头，突出国际互认优势，在建设高质量专业方面取得了累累硕果。目前已经有10个以上鲁班工坊的合作专业标准获得合作国家政府部门的评估认证。

（3）国赛装备开发应用：多项国际技能竞赛认可并使用

EPIP国际教育联盟参与并推动相关院校开发国赛装备，在多个领域得到国际技能竞赛认可。具体而言，为服务产业结构调整，设计开发了“自动化生产线安装与调试”教学装备；为服务技术革新的新需要，设计开发了“数控机床安装、调试与维护”教学装备；为服务传统技艺与现代工艺融合，设计开发了“鲁班锁现代技能大赛”；为服务行业升级改造，设计开发了“机器人应用技术”教学装备。经过应用，一些教学装备得到所在地区国际竞赛的认可。联盟还指导举办了五届IEEE电脑鼠走迷宫国际邀请赛，开发基于EPIP教学模式的各类教学资源。泰国鲁班工坊的自动化生产线安装与调试设备也已经成为东盟国家的职业教育技能比赛的指定设备。

（4）国际师资培训应用：锻造能教能做能创的中外师资

EPIP国际教育联盟支持和推动职业院校以EPIP创新应用为主线，有机融合校企双元、国际多元等要素，打造和锤炼教师队伍，探索EPIP视域下“双师型”教师队伍的培养途径；以工程实践能力的提升带动专业教学能力提升为目标，针对新教师和在职教师开展专门培养培训，形成有效提升教师专业能力的机制，培养大批具有国际视野和学习交流能力、校企协同和组织实施能力、工程实践和环境营造能力，专业知识与实践技能水平高、专业技术与信息化教学能力强、教学组织与协作方式活、职业道德与文化素养高的教师。

（5）理论与实践研究成果：扩大中国职业教育国际影响力

EPIP 研究与实践者先后发表数十篇论文，如《EPIP 教学模式的教育论探究》《论工程实践创新项目（EPIP）教学模式的“工程化”——从陶行知的生活教育思想说起》《EPIP 教学模式的专业论探究》《EPIP 教学模式的课程论探究》《工程实践创新项目（EPIP）教学模式应用研究——以高速铁道技术类专业与课程建设为例》《基于工程实践创新项目的“机电设备维修与维护”课程与技能大赛衔接研究》《EPIP 模式在高职化工类专业教学中的探索与实践》《“工厂供配电技术”EPIP 教学改革与实践》《工程实践创新项目智能鼠赛教互动人才培养》《普职融通 EPIP 工程实践创新项目职业生涯引航体系的探索与实践》《基于工程实践创新项目的 VBSE“鲁班工坊”模式初探》等；完成了天津市教育科学“十三五”规划多项课题研究，如“现代职教体系下基于工程实践创新项目”“实践教学模式的研究与实践”“职业教育校企联动开展‘工程实践创新项目’教学研究”“高职化工类专业工程实践创新项目探索与实践”“校企联动开展工程实践创新项目，培养双栖人才研究与实践”等。

论文撰写和课题研究聚焦 EPIP 理论探讨，在交通、机电、化工、经管等大类专业教学中的实践经验总结和提炼，在课堂教学、赛项开发、资源建设等各方面的应用与探索，为中国与世界各地的职业教育合作交流、深度分享提供了素材，推进了中国职业教育话语体系建设，扩大了中国职业教育的影响力。

（6）教学资源建设应用：提高技术技能人才培养品质

天津职业院校申报的鲁班工坊建设成果和教学资源建设成果，分别荣获国家级教学成果奖一等奖、二等奖。基于五年鲁班工坊实践，联盟首创 EPIP 视域下的“首体羽翼”的鹰式学习法，形成 EPIP 视域下的教案范例集，探索 EPIP 视域下的顶岗实习改革和人才培养模式改革，并将上述 EPIP 应用成果推广至国内外多家成员单位，实现 EPIP 应用维度的历史性突破。

联盟支持和指导中外教育机构专家学者开发了 40 余种基于 EPIP 教学模式和真实工程实践、服务先进制造类专业的立体化教学资源。《工程实践创新项目教程》《自动化生产线安装与调试》《工业机器人视觉系统安装与调试》《电气控制系统安装与调试》《机电一体化设备安装与调试》等 EPIP 教学模式规划教材相继出版了双语版。专著《EPIP 核心要义——中国职业教育话语体系》已出版并被翻译成英文、葡萄牙文、泰文等在国外出版。

4. EPIP 国际教育联盟行动计划与展望

（1）以 EPIP 为抓手，持续筑牢鲁班工坊质量和水平

EPIP 是鲁班工坊的内涵根基之一。2019 年 12 月，EPIP 被纳入《天津市职业教育“鲁班工坊”建设项目和资金管理办法》，明确鲁班工坊要以工程实践创新项目（EPIP）为教学模式，要以 EPIP 教学模式设计教学，致力于培养海外学生的职业素质素养、专业技术技能、实践综合能力和创新创造能力。未来，联盟将继续支持和服务中外院校建设和鲁班工坊运营，帮助各项目院校强化实施工程实践创新项目（EPIP）教学模式，构建国际专业教学标准、实训装备、教学课程、师资队伍，提供适应合作国的职业教育解决方案。

（2）落细 EPIP 应用，支撑国家职业教育创新发展标杆建设

根据教育部、天津市“共建新时代职业教育创新发展标杆”协议和《天津市教育现代化“十四五”规划》中关于“推广工程实践创新项目（EPIP）教学模式应用”的要求，天津作为 EPIP 教学模式的创新策源地、EPIP 应用于教育教学的成果转化地，将采取有力措施研究与推广 EPIP 教学模式，分享新时代职业教育创新发展标杆优质成果。作为在国家职业教育改革创新示范区建设中孕育并成长起来的教育研推机构，EPIP 国际教育联盟将把助力国家职业教育创新发展作为自己的历史任务，协调推动各方贡献智慧和力量。

（3）加强 EPIP 推广，深化多专业多维度的实践应用

EPIP 国际教育联盟将支持和组织各成员单位及专家学者开展 EPIP 视域下的技术技能人才培养的实践研究和理论探讨，探索基于机电类、辐射电商类、扩展经贸类等各专业领域 EPIP 课程体系建设的路径，探索基于 EPIP 的课程结构、专业教学理论和实践体系的构建思路，实施有效的应用型技术技能人才培养体系，为经济新常态下探索职业技能人才培养提供理论支持的路径和可借鉴的典范。

（4）讲好 EPIP 故事，促进各成员国实践应用的成果转化

联盟将协调成员单位落实《天津市职业教育“鲁班工坊”建设项目和资金管理办法》中“要提升已有‘鲁班工坊’建设水平，充分发挥‘EPIP 教学研究中心’的作用”的任务要求，以“紧贴需求、服务大局，做强现有、稳中求进，系统谋划、质量为先”为原则，在亚洲以泰国 EPIP 教学研究中心为主体，在欧洲以葡萄牙 EPIP 教学研究中心为主体，在非洲以埃塞俄比亚 EPIP 教学研究中心为主体，初步形成 EPIP 亚欧非三大洲推广网络。结合联盟成员的实际情况，充分发挥联盟成员的优势，积极开展形式多样、渠道广泛、富有成效的工作，帮助联盟成

员在发展中共同提高。联盟还将促进 EPIP 教学模式与教学资源共享，促进 EPIP 教学模式应用于各成员国职业教育实践的成果转化。

（5）拓宽应用领域，探索各领域人才培养创新路径

在联盟成员中，探索 EPIP 教学模式在普通教育、职业教育、高等教育中的应用，探索用 EPIP 理念开展中高本硕各阶段人才培养改革，推动各类各级学校将其作为开展教学、组织活动、实践创新的载体和抓手，激活教学和学习，让知识、技能学习更有效、更快乐。

（6）EPIP 是落实职业教育绿色发展的具体行动

绿色发展理念的核心就是人类社会和谐、文明、健康、快乐地发展，职业教育运用先进的教学模式（EPIP）和先进的教育理论，使教师的教学更有效，使学生的学习更快乐，使教与学在和谐的工程实践中得到融合、提高，构建起教师与学生、职业教育与其他教育、中国教育与世界教育的共同体，实现新时代教育健康、和谐、文明的绿色发展。

三、EPIP 教学研究中心在泰国成立

2017 年 5 月 22 日，EPIP 教学研究中心在泰国成立。EPIP 教学研究中心是 EPIP 国际教育联盟成立后在成员国中建设的第一个研究中心，旨在积极推广 EPIP 教学模式，实现优质教育资源的交流和共享，提升学生工程实践创新能力与水平，同时为了解国际社会、经济、文化、教育发展水平提供交流平台，为中外人才发展提供交流互动平台，努力促进 EPIP 教学模式在中国、世界范围内应用推广，推动中国、世界技术技能人才培养的长足发展。

EPIP 教学研究中心翻译专著《EPIP 教学模式》1 部，发表 EPIP 论文 1 篇。哲仁在世界职业技术教育发展大会平行论坛“全球职业教育青年教师发展论坛”上介绍了中国教学模式在泰国鲁班工坊的运用与推广。他表示，EPIP 将工程科学系统化思维传达给参加项目的学生和老师，以鲁班工坊为学习基地，让教师团队拓宽了国际视野，提升了互鉴交流能力、校企协同和组织实施能力、工程实践和环境营造能力，锻炼了一支专业知识与实践技能水平高、专业技术与信息化教学能力强、教学组织与协作方式活、职业道德与文化素养高的教师团队。泰国大城技术学院院长玛悠丽在世界职业技术教育发展大会“‘一带一路’合作与鲁班工坊建设发展论坛”上做了题为《世界上首个鲁班工坊——泰国鲁班工坊》的发言，细数了泰国鲁班工坊从诞生到收获成效与荣耀的全过程。她认为，泰国鲁班工坊不仅提升了泰国教育国际发展水平，还进一步加强了两国之间的人文交流培训、师生交流互访，增进了两国人民友谊。她表示，将进一步扩展泰国鲁班工坊服务中泰人文交流的功能，做中泰文化交流的友谊使者。她还特别强调，在中国院校的帮助下，泰国学生掌握了先进的制造业技术，泰国老师运用了 EPIP 的先进教学方法。泰国合作院校学习了新的 EPIP 教学模式，并把这种好的教学模式应用到鲁班工坊教学和培训中心，使很多泰国学生受益。

第十章 / 举办高端国际职业教育论坛

章引语

随着鲁班工坊建设规模的扩大，天津渤海学院先后举办中国·东盟职业院校高峰论坛、中国·泰国职业院校校长论坛、EPIP 国际教育联盟论坛、“鲁班工坊”与产教融合国际论坛、“一带一路”校企合作发展论坛等多场国际论坛，向国内外介绍鲁班工坊，极大地提升了鲁班工坊的影响力。

除了举办国际职教论坛，天津渤海学院还举办了多样化的国际交流活动。2017 年 5 月 22 日，中泰职业教育合作交流“中国·渤海周”活动在泰国大城技术学院举行。按照天津市教委倡导的“天津市职业院校教育资源，愿意向包括泰国在内的所有东盟国家的职业院校师生开放”的原则，天津渤海学院与泰国大城技术学院共建海外师生实践拓展基地。2021 年 4 月 2 日，由泰国教育部职业教育委员会主办的中国 - 泰国 - 老挝澜湄合作专项基金铁路运输系统与高铁培训课程项目发展视频会议在泰国乌隆他尼府举行，天津铁道学院受泰国教育部职业教育委员会邀请，做《中国铁路运输系统行业发展方向》主旨演讲并参与培训课程标准制定讨论。

一、中国·东盟职业院校高峰论坛

2017年5月9日，中国·东盟职业院校高峰论坛——EPIP教学成果交流分享会在天津渤海学院举行。时任教育部职成司司长王继平出席

◉2017年5月9日，中国·东盟职业院校高峰论坛召开

并讲话，时任泰国大城府副省长皮谦、天津市教委副主任吕景泉、天津渤海化工集团有限责任公司副总经理刘振军、天津渤海学院院长于兰平等领导出席。在中国海外首个鲁班工坊落成一周年之际，论坛对鲁班工坊的成功经验进行总结回顾，进一步推动 EPIP 教学模式与各国职业教育实践的有效融合，各国共同探索职业教育国际合作的新模式、新路径。

王继平司长在讲话中介绍了鲁班工坊的由来，还讲解了中国传统的班墨文化，指出要重视技能、重视技术，崇尚贤人、崇尚能人，主张和平、平等友爱，希望鲁班工坊这艘和平之舟可以到达世界更多的地方，给世界各国人民带来和平，带来幸福，带来一些实实在在的帮助。

泰国大城府副省长皮谦表示，此次论坛为中泰之间创造了一个良好的学习机会，大家相交换经验与意见，深化了对亚洲、对其他国家和中国的了解。他说，大城是泰国的文化圣地，已列入联合国教科文组织世界遗产名录，拥有辉煌的历史文化遗产和独特的历史遗址。大城正在积极发展旅游业、服务业、工业和农业等，未来要与中国建立良好的合作伙伴关系，互相支持与帮助。

吕景泉在讲话中介绍了天津在工程实践创新项目和鲁班工坊建设方面的主要举措和成效，他强调要积极打造天津职教国际合作交流新窗口，要努力开拓创新，发挥支点作用，积极探索鲁班工坊多种发展模式。

会议达成了泰国鲁班工坊“5.9”共识：一是谋划建立国际认可的国家资格框架体系，绘制多国在资格、文凭、证书等方面的等高线，在不同国家间找到职业教育合理统一的“水平面”，推进资格框架在各国同行业间互认，促进人力资源的国际化配置；二是深化统筹各国职业教育资源，加速提升国际合作职业教育办学活力和吸引力，构建职业技能人才培养的质量保障机制和新的评价制度，建立国际职业技能人才培养体系，促进职业教育在国际贸易及区域合作中发挥重要作用；

三是培育一支聚焦“一带一路”地区和国家的职业教育专家队伍，深入研究职业教育国际合作发展趋势，归纳具有中国特色的职业教育发展经验，进一步完善鲁班工坊、EPIP 等先进教学模式，不断提升办学经验的可复制性，助推泰国鲁班工坊国际合作模式为更多国家所认识、认可、使用。

会议引发了泰国新能源汽车改造的变革。泰国大城府副省长皮谦率省工业联盟官员和商会会长，就大城出租车的新能源汽车改造，与天津圣纳科技有限公司签署改造协议，并指定该企业为泰国大城的新能源汽车改造指定商。天津渤海学院、泰国大城技术学院、天津圣纳科技有限公司还共同完成了天津市科学技术项目“天津圣纳渤海泰国智能制造技术推广中心建设研究”。

二、中国·泰国职业院校校长论坛

2018 年 1 月 10 日，由天津市教委和泰国教育委员会主办、天津渤海学院和天津铁道学院承办的中国·泰国职业院校校长论坛在天津渤海学院召开。时任教育部职成司副司长雷鸣、天津市教委副主任吕景泉、泰国教育部职业教育委员会高级顾问瓦尼出席并讲话。论坛上，天津渤海学院院长于兰平、泰国大城技术学院院长哲仁、天津铁道学院院长于忠武、泰国班派工业与社区教育学院院长阿雅、天津骥腾科技有限公司总经理崔鹏分别就鲁班工坊建设、深化校企合作、产教融合和国际交流做了专题报告。

◉ 2018 年 1 月 10 日，中国·泰国职业院校校长论坛召开

三、中泰鲁班工坊云论坛

2020 年 12 月 21 日，天津渤海学院与泰国大城技术学院联合举办了中泰鲁班工坊云论坛。论坛以“新年新愿景　携手创未来”为主题，内容分为论坛、教学专业研讨和校企项目洽谈会三部分，旨在推进两校友好合作持续走向深入，促进共同发展，推进做强泰国鲁班工坊，积极引入更多企业元素，吸引企业加入工坊队伍，持续深化鲁班工坊建设，逐步形成政府主导、中外企业学校共同主办建设、互惠共赢的新格局。

泰国大城技术学院院长玛悠丽代表大城技术学院对天津市政府、天津市教委给予泰方的支持表示感谢，对天津渤海学院给予泰国留学生的帮助和照顾表示感谢，对天津渤海学院给留学生提供升本和就业机遇表示感谢。她回忆了来天津渤海学院的访问经历，对学院良好的教育教学水平和现代实习实践基地建设给予了高度评价，同时希望能够继续得到中方的支持，与学院深化合作，推动中泰职业教育国际合作发展迈上新台阶！

天津渤海学院院长于兰平做了题为《扩大企业共建鲁班工坊，增强人才培养内生动力》的主旨演讲。他指出，鲁班工坊作为职业教育国际合作交流的平台，将中国职教模式、中国职教资源、中国技术和中国产品与世界分享，为国际通用的高素质技术技能人才培养贡献了力量。他提出了六点倡议：一是扩大双方多层次深入交往，扩展师资培训和学生交流，强化国际校企合作和产教融合；二是扩大专业合作项目，按照泰国经济发展的重点项目设置专业，培养更多的新型技术人才；三是扩大教学合作，提高教学水平，建设业界一流的学校；四是扩大两国留学生项目，惠及更多学生；五是扩大鲁班工坊培养的学生在升学、就业方面的空间；六是扩大宣传范围，增强宣传效果，提高社会影响力、知名度和美誉度。倡议得到了与会领导的高度认同，他们纷纷表示将会在这六个方面加强合作，努力将泰国鲁班工坊旗舰店建设成标杆和模范。

在校企项目洽谈会上，与会领导纷纷发言，就校企合作成果进行了总结，分析了驻外中资企业面临的问题与挑战，研讨了进一步深化校企合作的模式、方法和途径，就新时代鲁班工坊国际校企合作达成了共识。

四、中泰职教新年愿景论坛

主题为“跨年连亲情 构建共同体”的中泰职教新年愿景论坛于2021年12月17日上午在云端举行，天津铁道学院、天津渤海学院及泰国六所学院在六个分会场共同参与。

会议发出三点倡议：一是构建中泰职业教育共同体；二是践行绿色地球梦，保护人类共同的家园；三是中泰共同努力，开创工坊新格局。希望继续推进中泰友好合作持续走向深入，共同推进泰国鲁班工坊做大做强。

会上，举行了中泰相关合作院校职教共同体签约仪式。泰国大城技术学院和天津渤海学院签署了《泰国鲁班工坊境外办学项目2+1模式合作备忘录》。泰国吉拉达技术学院、甘塔拉拉克技术学院、乌汶理工学院、达鲁纳职业学院、达鲁纳技术学院与泰国鲁班工坊的代表大城技术学院和天津渤海学院共同签署了《泰国鲁班工坊国际专业合作备忘录》，达成深入合作意愿。

会上，还举行了“共圆绿色地球梦，共建美好家园”宣言签署仪式，号召各院校都行动起来，爱护地球，爱护环境。泰国大城技术学院、吉拉达技术学院、甘塔拉拉克技术学院、乌汶理工学院、达鲁纳职业学院、达鲁纳技术学院和天津渤海学院共同签署了“共圆绿色地球梦，共建美好家园”宣言。

◉ 于忠武在中泰职教新年愿景论坛上致辞

◉ 中泰职教新年愿景论坛上，7 所中泰院校共同签署《泰国鲁班工坊国际专业合作备忘录》

第十一章 / 开发职教国际技能赛项资源

章引语

鲁班工坊不仅是泰国当地区域进行职业教育教学活动的场所，同时也是我国每年一度的全国职业院校技能大赛的延伸场馆，进一步推动了我国职业院校技能大赛的国际化发展。IEEE 电脑鼠走迷宫国际邀请赛暨世界 APEC 电脑鼠大赛中国选拔赛连续 5 年在鲁班工坊举办。鲁班工坊还开发了鲁班锁国际技能大赛，建设了工业机械臂比赛系统，实现了现代技术与传统技艺同台比拼。2022 年 8 月 19 至 20 日，世界职业技术教育发展大会期间，首届世界职业院校技能大赛在天津和江西举行，来自亚洲、非洲、欧洲、南美洲、北美洲等五大洲 107 个国家和地区的 293 所院校、988 名选手和 489 名指导教师参加了大赛。在总计 15 个竞赛类赛项中，有 13 个是利用 EPIP 开发的“鲁班工坊赛道”赛项，鲁班工坊师生联队参赛，获得 15 枚金牌中的 9 枚，其中泰国鲁班工坊建设院校获得 2 枚金牌。

一、承办首届世界职业院校技能大赛赛项

2022年8月11日，首届世界职业院校技能大赛物联网技术应用赛项和迷宫机器人赛项在天津渤海学院隆重举行。

物联网技术应用赛项共有来自乌克兰、也门、摩洛哥、津巴布韦、印度尼西亚、埃塞俄比亚、尼泊尔、安哥拉、卢旺达、孟加拉国、中国等11个国家的22名参赛选手通过线上竞赛方式参加了比赛。迷宫机器人赛项共有来自赤道几内亚、贝宁、也门、埃塞俄比亚、苏丹、刚果（金）、塞拉利昂、津巴布韦、中国等9个国家的22名参赛选手通过线上竞赛方式参加了比赛。

比赛采取“0.5+0.5”手拉手中外混合编队的方式，由1名中国学生和1名外国学生混合为1队。物联网技术应用赛项选手在物联网项目实施方案设计、物联网设备安装与调试、物联网技术应用创新、物联网项目成果展示四个方面进行角逐。要求选手根据项目需求，利用专业工具和仪器设备，设计、安装、搭建、调试、配置、开发一套满足需求、稳定运行的物联网系统。迷宫机器人赛项选手在虚拟仿真、迷宫竞速、展示答辩三个环节进行角逐。赛项为选手控制虚拟仿真迷宫机器人和现实智能迷宫机器人分别在未知的迷宫中进行遍历搜索，通过智能控制算法计算与评估出最优路径，以最快的速度从起点冲刺到终点的比赛过程。

物联网技术应用赛项已应用于泰国鲁班工坊和南非鲁班工坊项目。迷宫机器人赛项已应用于泰国、印度、印度尼西亚、巴基斯坦、柬埔寨、尼日利亚、埃及等7个国家的鲁班工坊中。

自从获批承办首届世界职业院校技能大赛后，天津渤海学院迅速成立了大赛工作领导小组，高标准筹备了比赛，特别是在竞赛内容、竞赛

项目上进行了精心设计，赛项涵盖了电子信息、通信技术、软件技术、嵌入式技术、机电一体化技术、人工智能、智能制造、自动化、机器人等专业领域中的关键技术，竞赛过程与处理问题过程对接，竞赛标准与国际标准对接，考查选手的专业能力、团队合作精神、效率、质量意识、安全意识等职业核心素养，充分展示了人工智能与机器人学科发展的新技术成果，引领高级技术技能型人才培养方向和职业院校专业升级，提升专业建设的能力，推动赛事成果转化和产学研国际合作。

二、举办迷宫机器人国际邀请赛

2016 年以来，在教育部指导下，天津市锐意改革创新，首创并率先实施了国际人文交流知名品牌“鲁班工坊”建设，智能鼠伴随着鲁班工坊走出国门与世界分享，先后进入泰国、印度、印度尼西亚、巴基斯坦、柬埔寨、埃及、尼日利亚等国家，受到了海外师生的一致青睐。中国智能鼠国际邀请赛不仅连续五届邀请了美国、日本、英国、新加坡等实力雄厚的代表队，还邀请了“一带一路”沿线国家鲁班工坊代表队，搭建中外合作交流的桥梁，服务“一带一路”沿线国家发展，全球的“朋友圈”越来越大，越来越广。

2016 年举办的首届中国 IEEE 电脑鼠走迷宫国际邀请赛吸引了来自泰国大城技术学院及中国台湾龙华科技大学、天津大学、南开大学、天津工业大学、天津理工大学、南开大学滨海学院、天津中德应用技术大学、天津渤海学院等中外院校参加。中国台湾龙华科技大学苏景辉教授在比赛现场进行了竞赛经验成果分享。

第二届 IEEE 电脑鼠走迷宫国际邀请赛吸引了来自新加坡义安理工学院、泰国大城技术学院、南开大学、天津大学、北京交通大学、河北工业大学、河南安阳工学院、天津渤海学院等中外院校参加。曾荣获美国 APEC 电脑鼠国际大赛、全日本电脑鼠国际公开赛的冠亚军队，全球首家泰国鲁班工坊代表队及新加坡义安理工学院 Bengkiat NG 教授加盟比赛。

第三届 IEEE 电脑鼠走迷宫国际邀请赛吸引了来自英国、泰国、蒙古国等国的国际代表队，以及国内实力雄厚的天津大学、南开大学、北京交通大学、天津中德应用技术大学等智能鼠精英赛队角逐本届大赛奖牌。英国智能鼠竞赛主席、英国伯明翰城市大学彼得·哈里森教授，曾多次在美国、日本、英国、葡萄牙和中国台湾的国际智能鼠大赛上蝉联世界冠军，也强势加盟第三届 IEEE 电脑鼠走迷宫国际邀请赛。

◉2018 年 11 月 10 日，电脑鼠走迷宫国际邀请赛中国选拔赛在天津渤海职业技术学院举办

第四届 IEEE 电脑鼠走迷宫国际邀请赛突出“全民参与”的特色，首次设置了中学、高职、本科、硕士、职业精英五个竞赛组别，旨在提升大赛的社会参与度和专业覆盖面，提升比赛水平。全日本电脑鼠国际公开赛组委会秘书长中川友纪子女士率领日本电装集团 IT 精英，世界电脑鼠公开赛古典和半尺寸赛项世界冠军宇都宫正、亚军松井祐树慕名而来加盟大赛，各国参赛选手有机会与世界顶尖高手切磋技艺、加深友谊。本届大赛共有来自中国北京、河南、河北等省市，以及来自泰国、

印度、印度尼西亚、巴基斯坦、柬埔寨、葡萄牙等国家的鲁班工坊共计52支参赛队参加比赛，创造了国际鲁班工坊Micromouse代表队盛大回归，津门对决的佳话。

2021年，第五届智能鼠走迷宫国际邀请赛采用线上和现场相结合形式，设置中职组、高职组、本科组、教师组和国际组五个竞赛组别。该赛项还入驻第五届世界智能大会。

2022年，智能鼠走迷宫升级为迷宫机器人项目，入选首届世界职业院校技能大赛。

三、开发鲁班锁现代技术竞赛

1. 竞赛的背景和意义

（1）竞赛背景

鲁班锁，起源于古代中国建筑的榫卯结构，原创为木质结构，从外观看是严丝合缝的十字立方体。这种结构凹凸部分（即榫卯结构）啮合，十分巧妙。鲁班锁的种类各式各样，其中以最常见的六根和九根的鲁班锁最为著名。民间按照榫卯结构逐渐触类旁通，又在标准孔明锁的基础上派生出了许多其他高难度的鲁班锁，如大小孔明锁、四季锁、孔明连环锁、十二方锁、正方锁（方角鲁班球）、十二柱鲁班锁、二十四锁等。

鲁班被誉为“中国工匠鼻祖”，“鲁班锁”代表的是一种工匠精神，“中国制造”要实现转型升级、由大变强，弘扬工匠精神是核心要义之一。2016年中国首次正式将“工匠精神”写入政府工作报告，报告提出：“鼓励企业开展个性化定制、柔性化生产，培育精益求精的工匠精神，增品种、提品质、创品牌。”

（2）竞赛意义

2019 年 1 月 4 日，首届鲁班锁技术技能大赛在天津渤海学院举办，中国学生和泰国留学生同台竞技的同时又进行跨国组队，协同作战。2019 年 8 月，首届鲁班锁拆装比赛在泰国鲁班工坊成功举办，大赛现场进行了鲁班锁技术技能大赛演讲比赛、单人拆装、组合拆装、机器人技术对抗赛等项目。

鲁班锁技术技能大赛传承古代技艺，弘扬工匠精神，将传统工艺与现代技术进行了完美融合，融入工程实践创新项目（EPIP）教学模式，从传统的鲁班锁手动拆装这一“兴趣”切入，从鲁班锁的自动拆装这一“工程”入手，用“创新”作为拓展，实现从工程到实践再到创新项目，丰富学生的工程实践知识、经验，提升学生的工程技术应用能力、工程实践创新能力和职业素养，拓展学生的专业视野。

进行鲁班锁技能大赛赛项设计及竞赛资源开发，不仅是基于工程实践创新项目（EPIP），将“工匠精神”引入课堂，培养学生的职业素养，也是对课程思政、劳动教育教学的部分延伸。

2. EPIP 的竞赛设计与资源开发

（1）赛项设计

鲁班锁现代技能大赛参赛对象为国内外中高职院校的学生，所以在文化传承及解读方面需要让学生先了解比赛的背景和意义。比赛最重要的创新，就是从手动拆装到自动拆装，实现了从工程到实践再到创新项目，这就需要开发相应的竞赛资源来丰富中外学生的工程实践体验。比赛分为鲁班锁手动拆解、鲁班锁自动组装和展示三个部分。最后的展示部分以交流为主，旨在增加学生之间的国际化交流，增进学生之间的友谊。竞赛资源的开发在进行比赛筹备的过程中进行。

（2）研究思路与方法

研究思路：以工程实践创新项目（EPIP）为出发点→文献启发、政策解读→鲁班锁现代技能大赛赛项设计制定→鲁班锁手动拆解部分→鲁班锁自动组装部分→展示部分→竞赛资源开发→实施推广。

具体来说，赛项通过对高职学生的视觉检测技术、工业机器人技术、可编程控制器技术等多方面专业能力，以及机械零件装配方法和工艺应用能力、现场问题的分析与处理能力、创新能力等多方面能力的引领、考核，展示高职全方面人才良好精神风貌，弘扬劳模精神和工匠精神、创新意识，营造劳动光荣、技能宝贵、创造伟大的时代风尚和精益求精的敬业精神，为服务现代产业、助推经济高质量发展、助力天津先进制造业研发基地建设、加快建设“五个现代化”天津提供高质量技能人才保障。

3. EPIP 的鲁班锁现代技能竞赛设计

天津渤海学院借助“鲁班工坊”这个平台，进一步推动比赛的影响力，开发基于 EPIP 的鲁班锁现代技能大赛国际化赛项，根据工程实践创新项目的内涵要求，让比赛更加符合国际化要求，并能实现从工程到实践再到创新项目的有梯度的比赛过程，丰富学生的工程实践知识、经验，提升学生的工程技术应用能力、工程实践创新能力和职业素养，拓展学生的专业视野，将工匠精神的内涵和中国古代劳动人民的勤劳睿智向国际社会进行展示。通过比赛，进一步完善竞赛资源，开发满足基于

EPIP 的鲁班锁现代技能大赛国际化赛项的竞赛资源。

（1）竞赛内容

大赛共分个人赛、团体赛、创新赛三个环节，总分 100 分，其中个人赛成绩占总成绩的 20%，团体赛成绩占 70%，创新赛成绩占 10%。各竞赛队在规定的时间内，独立完成规定的竞赛任务。

个人赛为鲁班锁的手动拆装，团体赛为鲁班锁的智能拆装、打标、入库，创新赛为团队答辩赛。三项比赛均为百分制，按照上述比例换算再累加后进行排序，按照最终成绩高低决定参赛队的排名。

具体竞赛内容由如下三部分组成。

① 鲁班锁手动拆解与组装部分：现场通过随机抽签的方式选出鲁班锁的样式，根据抽取出来的样式（样式从易到难分为 5 个种类），由各个参赛队伍中的两名队员相互配合，完成鲁班锁的手动拆解和组装任务。用时少且完成度高的组合为优胜队伍。赛前留有半小时的测试和适应场地时间。

② 六柱鲁班锁自动装配部分：两名队员相互配合完成可编程控制器与传感器的接线工作；完成工业机器人程序的编写等工作；对随机摆放的鲁班锁部件进行视觉识别、分类摆正，并利用可编程控制器、机械手、气压缸等合作完成鲁班锁的安装工作；安装完成后通过小型打标机对鲁班锁进行打标，打标图案为“鲁班工坊”的 Logo；打标完成后对鲁班锁进行入库操作。本部分考查的技术要素包括可编程控制器、传感器、机器人、触摸屏、视觉识别，以及电气接线、机械件安装与调试等相关知识点。

③ 展示部分：为了增加观赏性和趣味性，大赛特设置展示部分，参赛队员可以利用多台工业机器人配合对鲁班锁进行组装。本环节不设置具体要求，以展示和表演为主，不计入比赛成绩。

（2）竞赛方式

鲁班锁现代技能大赛参赛对象为国内外中高职、职业本科院校的学生，大赛分中职组、高职组 2 个组别。参赛要求如下：

① 根据鲁班锁现代技能大赛特点（赛项新、任务重、技能广等），大赛需要采取组队的形式进行，每支参赛队由 2 名选手（至少 1 名为外国学生）、1 名指导教师、1 名领队组成。

② 不得跨校组队，同一学校报名参赛队不超过 2 支。参赛选手须为全日制在籍学生，年龄须不超过 25 周岁（当年）；在校期间各科成绩总评为所在专业前 20%、综合评定良好；指导教师须为本校专职教师。具体报名资格以教委通知为准。

③ 选手在竞赛现场按照比赛任务要求，队内相互配合完成比赛任务，协作进行工作。

4. EPIP 的鲁班锁现代技能竞赛资源开发

竞赛资源开发即根据比赛内容，开发完成六柱鲁班锁的产品设计并进行数控加工，也就是根据给定的六柱鲁班锁和装配码盘完成机器人六柱鲁班锁装配。具体任务要求如下：

① 规划六柱鲁班锁的码盘摆放位置，并根据装配空间设定装配路径；

② 根据装配夹具，设计越疆机器人的电气与气动回路；

③ 通过示教点编程的方式实现机械手的鲁班锁装配；

④ 使用工件坐标模式编程实现机械手的鲁班锁装配。

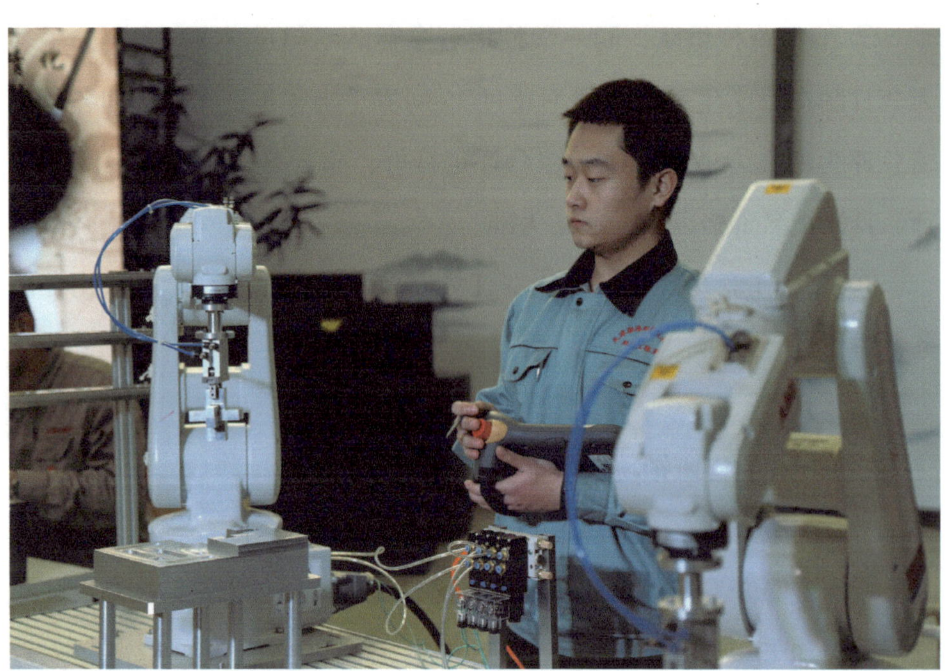

◉ 鲁班锁现代技能竞赛

第十二章 / 服务世界产教合作协同育人

章引语

"一带一路"国际产能合作是优化我国产业结构、促进经济提质升级的重要手段。为了助推我国装备、技术、标准和服务更高水平、更高质量地"走出去"，2015 年 5 月 16 日，国务院出台《国务院关于推进国际产能和装备制造合作的指导意见》，为推进国际产能和装备制造合作，实现我国经济提质增效升级给出指导性意见。2016 年，教育部牵头制定了《推进共建"一带一路"教育行动》（以下简称《教育行动》），该文件作为国家《推动共建丝绸之路经济带和 21 世纪海上丝绸之路的愿景与行动》在教育领域的落实方案，为教育领域推进"一带一路"国际产能合作建设提供了支撑。《教育行动》中明确提出："鼓励中国优质职业教育配合高铁、电信运营等行业企业走出去，探索开展多种形式的境外合作办学，合作设立职业院校、培训中心，合作开发教学资源和项目，开展多层次职业教育和培训，培养当地急需的各类'一带一路'建设者。"

天津市地处“一带一路”交汇点，占据重要的区位优势，深刻认识到推进“一带一路”建设的重大意义。2016年，天津市率先发布了《天津市参与丝绸之路经济带和21世纪海上丝绸之路建设实施方案》，后又出台《天津市“一带一路”科技创新合作行动计划》，在全国率先设立“一带一路”科技创新合作专项。为积极贯彻落实《教育行动》重要精神，天津市充分依托自身在职业技术教育领域的突出优势，在“一带一路”沿线国家搭建鲁班工坊平台，把优秀职业教育成果与世界各国分享，服务国际产能合作，通过传播中国先进职业教育理念、促进合作国家技术技能人才培养，在职业教育交流与合作中有效带动我国装备、技术、标准和服务“走出去”。

一、现代职业教育国际产教对接会

2016年5月9日，现代职业教育国际产教对接会在天津渤海学院召开。来自泰国13所职业院校的领导和代表，以及越南职业院校、天津大学、河北工业大学、天津理工大学、天津相关职业院校、天津渤化永利化工股份有限公司、天津渤化石化有限公司、天津国际联合轮胎橡胶有限公司、中安信科技有限公司、北京联合永道软件股份有限公司、邦振科技（北京）有限公司、天津启诚伟业科技有限公司、天津圣纳科技有限公司、新道科技有限责任公司等单位的代表参加了会议，并就进一步加强国际化、信息化、集团化网络平台建设，协同共建更多的工程实践创新项目实训基地，成立现代职业教育国际产教对接联盟等工作达成了“天津共识”。

◉2016 年 5 月 9 日，现代职业教育国际产教对接会在天津渤海职业技术学院召开

“天津共识”的主要内容具体包括三个方面：一是加强国际化、信息化、集团化网络平台建设，实现职业教育国际化资源网络共享互动，打造国际化现代职业教育集团；二是在把鲁班工坊建设成经典项目和示范项目的同时，加强友好合作，协同共建更多的工程实践创新项目实训基地，增进国际职业教育的学习交流，分享先进办学经验和高新生产技术，逐步扩大合作领域，汇聚更多的战略伙伴和优势力量，实现现代职业教育的国际合作共赢；三是成立现代职业教育国际产教对接联盟，探索现代职业教育国际化发展导向，以提升职业教育国际化水平为目标，积极开展国际和地区间的合作办学，全力打造具有国际水平的现代职业教育体系，为促进各国经济共同发展培养更多、更优秀的创新型技能人才。

在现代职业教育国际产教对接会上，天津渤海学院与越南胡艺工业学院签订战略合作协议，天津圣纳科技有限公司、天津启诚伟业科技有限公司与泰国大城技术学院签订科技服务协议，天津启诚伟业科技有限公司与泰国大城技术学院、越南胡艺工业学院签订工程实践创新项目协议，邦振科技（北京）有限公司与天津渤海学院签订共建合作项目协议，天津渤海学院与天津渤海精细化工有限公司签订科研合作协议。

二、鲁班工坊与产教融合国际论坛

2019 年 5 月 10 日，首届“鲁班工坊”与产教融合国际论坛在天津召开。本次论坛由教育部、天津市人民政府指导，由教育部职成司、天津市教委、天津市人民政府外事办公室共同主办，由天津渤海学院、天津职业大学联合承办，共有来自泰国、巴基斯坦、柬埔寨、马来西亚、印度、印度尼西亚、德国、俄罗斯、葡萄牙、安哥拉、吉布提、肯尼亚、马里、南非等亚洲、欧洲、非洲地区共 15 个国家的职业教育专家、中外企业代表，以及中国中西部交流学访团校长、相关职业院校长近 200 人参加论坛。

◉ 2019 年“鲁班工坊”与产教融合国际论坛召开

时任天津市教委副主任吕景泉做了题为《鲁班工坊——中国职业教育国际知名品牌》的主旨报告。吕景泉首先介绍了天津职业教育的概况，天津发挥“国家现代职业教育改革创新示范区”的示范引领作用，以“工程实践创新项目教学模式”为重要内容的教学成果获得中国职业教育领域首个国家级教学成果奖特等奖。鲁班工坊是中国职业教育国际知名品牌，以开展高端技术技能人才的学历教育、服务当地经济社会的技能培训为任务，采取校校合作、校企合作、校政协同三个途径，以平等合作、优质优先、强能重技、产教融合、因地制宜为根本原则，以国家现代职业教育改革创新示范区的建设成果为总体支撑，以国家优秀教学成果“工程实践创新项目”为教学模式，以教育部主导下研制开发的国际化专业教学标准为基本依据，以全国职业院校技能大赛的优质赛项教学装备为主要载体，以“师资培训先行”及“四位一体”教学资源为必要保障，以规范化制度化的项目运行机制与监督评估制度为质量保障，为合作国家培养适应当地经济社会发展需求的高素质技术技能人才。

泰国大城技术学院院长哲仁做了题为《鲁班工坊，带给我们新技术》的交流分享。“鲁班工坊提高了泰国老师的职业教育教学水平，得到了泰国和东盟其他职业院校的广泛关注和肯定。”哲仁表示，鲁班工坊还让学生们学会发明东西。“齿轮驱动系统教学设备让学生学会齿轮驱动系统的工作原理，能应用在发明步行物理治疗器的车轮上；老师用电脑给学生培训学习 Arduino 编程控制步行物理治疗器的安卓系统，也就是由安卓系统控制的步行物理治疗器，获得了泰国职业教育大赛金牌奖。”

天津铁道学院党委书记、院长于忠武做了题为《落实中非合作八大行动，建设非洲首个“鲁班工坊”》的交流分享。他表示，非洲首个鲁班工坊——吉布提鲁班工坊将着力打造成为中非职业教育合作的新桥梁、新纽带、新亮点，为非洲其他鲁班工坊建设探索提供一个可借鉴、可复制、可推广的新模板，同时在非洲鲁班工坊建设中发挥示范引领作用，为服务“一带一路”倡议做出新的更大的贡献。

中国土木工程集团有限公司总经理助理王飞做了题为《深化合作，携手并进，共同建好“鲁班工坊”，积极践行“八大行动”》的交流分享。他表示，在亚吉铁路建设和运营过程中，中土集团深感项目急缺各类专业技术人才，因此集团积极响应天津市教委创建吉布提鲁班工坊的倡议。从建设学校再到如今合作办学，从提供高质量工程再到帮助培养专业技术人才，28 年来中土集团已深深融入了吉布提经济社会发展。吉布提鲁班工坊的启用，是天津市教委和中土集团共同落实中非合作论坛北京峰会“八大行动”的具体举措，是“能力建设行动”迈出的重要一步。

会上，天津渤海学院院长于兰平做了题为《EPIP 联盟建立及“鲁班工坊”研推中心建设》的交流分享，天津轻工学院党委书记戴裕葳、天津机电学院院长张维津、印度金奈理工学院院长司丽拉共同做了题为《依托鲁班工坊平台　共享职教合作成果》的交流分享，葡萄牙塞图巴尔理工学院卢卡斯教授做了题为《葡萄牙“鲁班工坊”的 EPIP》的交流分享，吉布提国民教育与职业培训部总督学迈哈迪做了题为《鲁班工坊建设对吉布提经济和工业发展的影响》的交流分享，马里共和国传统医药研究所副所长、高级顾问迪亚拉教授做了题为《古有鲁班锁，今有打开中华文明宝库的钥匙》的交流分享，中国中材国际工程股份有限公司（印度子公司）总经理李明飞做了题为《共建“鲁班工坊”校企合作平台，推动中资企业在印本地化进程》的交流分享。

论坛还举行了非洲鲁班工坊研究与推广中心成立仪式。中心的成立，旨在推进非洲鲁班工坊建设，进一步扩大鲁班工坊的国际影响力，落实中非合作八大行动计划，把优秀的中国新时代职教理念与世界分享。

三、助推中国企业国际竞争力提升

2018年7月，天津圣纳科技有限公司总经理魏所库冒着酷暑，奔走在泰国大城的街道上，走访出租车司机，进行市场调研。“今年10月，我们公司生产的第一批电动汽车将进入大城出租车市场，这也是大城的第一批新能源汽车。未来，我们天津的新能源汽车有望取代大城甚至是泰国的传统出租车。”魏所库说。

其实，近年来，通过鲁班工坊“走出去”的中国企业还有很多。天津渤海化工集团有限责任公司所属七二九乒乓球体育器材开发有限公司将国球装备整体输出与泰国分享，成为泰国国赛用品；承接了空中课堂项目的东方亨瑞科技发展有限公司，注册了国际品牌MAXHUB，目前已进入泰国市场；圣纳科技、启诚伟业等公司与泰国、越南的职业院校签订科技服务、工程实践创新项目协议……

鲁班工坊通过采取职业培训、学历教育等多种方式，在输入地开展职业教育和技术技能培养培训，有力地促进了我国企业的服务和产品输出，提升了中国企业在国际上的竞争力。可以说，在整个鲁班工坊建设中，中国企业一直参与其中。鲁班工坊的成立，不仅为海外职业院校带去了先进的专业教学标准、教学装备、教育理念、教育模式，也把中国技术与中国企业推向了世界的舞台。天津圣纳科技有限公司此次与大城的“联姻”，正是得益于鲁班工坊的“牵线”。

去年，泰国鲁班工坊进入二期建设时新增了新能源汽车国际专业，并设立了新能源汽车教学实训区。而该专业的教学标准及实训标准都是由天津圣纳科技有限公司与天津渤海学院共同开发的。随着泰国当地对圣纳科技技术的逐步了解与肯定，最终圣纳科技成为泰国大城新能源汽车改造指定商。

泰国鲁班工坊铁院中心积极推动国际产教融合，深化校企合作。天津铁道学院与天津骥腾科技有限公司校企联合，成功研发了“高铁标准动车组制动仿真实训系统”，该系统能够满足高铁标准动车组检修核心技术的培训需求。因功能定位准确，该系统成为 2019 年度天津市铁道运输行业大赛设备。通过大赛的成功举办，该系统的性能、质量及实用性经受住了考验，得到了参赛院校的一致认可。天津铁道学院与天津骥腾科技有限公司共同申请的专利已经被国家知识产权局批准，专利名称为“一种高铁标准动车组制动实训装置”，分别获得了实用新型专利和发明专利。2021 年 5 月，该系统还获得了由全国职业高等院校校长联席会议颁发的职业高等院校技术研发与应用优秀成果奖。

泰国鲁班工坊服务企业名单（部分）

序号	服务企业名称	企业总部	企业所属行业
1	玲珑国际轮胎（泰国）有限公司	中资企业	制造业
2	天津渤海化工集团有限责任公司	中资企业	制造业
3	天津七二九体育器材开发有限公司	中资企业	制造业
4	天津启诚伟业科技有限公司	中资企业	科学研究和技术服务业
5	天津圣纳科技有限公司	中资企业	科学研究和技术服务业
6	亚龙科技集团有限公司	中资企业	科学研究和技术服务业
7	森麒麟轮胎（泰国）有限公司	中资企业	制造业
8	Mitr Phol Group	泰国	制造业

续表

序号	服务企业名称	企业总部	企业所属行业
9	Nisco Chailand, Co.,Ltd.	中资企业	制造业
10	Chacha Food (Thailand) Co.,Ltd.	中资企业	制造业
11	泰国铁路协会	泰国	交通运输、仓储和邮政业
12	泰国戴奥创新有限公司	泰国	交通运输、仓储和邮政业
13	泰国久住管理有限公司	泰国	交通运输、仓储和邮政业
14	泰国富通商贸有限公司	泰国	交通运输、仓储和邮政业
15	泰国铁路局	泰国	交通运输、仓储和邮政业
16	泰国通用仪器有限公司	泰国	交通运输、仓储和邮政业
17	天津骥腾科技有限公司	中资企业	科学研究和技术服务业
18	智源（天津）信息技术有限公司	中资企业	科学研究和技术服务业

◉泰国学生在鲁班工坊铁院中心实训

◉2020 年 2 月 1 日，泰国鲁班工坊铁院中心承办泰国第 29 届全国职业技能大赛暨第一届轨道交通职业技能大赛高铁制动系统检修与维护赛项

第四篇 泰国鲁班工坊发展

篇引语

泰国鲁班工坊作为在泰国实施学历教育和技术培训的教育机构，是中国职业教育国际合作的新支点，是“一带一路”上的技术技能驿站，是推动中国优质产品技术向泰国输出的桥头堡。泰国鲁班工坊始终坚持新发展理念，创新是鲁班工坊的动力源泉，协调让鲁班工坊迸发活力，绿色是鲁班工坊的独特气质，开放是鲁班工坊的鲜明底色，共享让鲁班工坊行必致远。泰国鲁班工坊建设，对鲁班工坊品牌创建、推广应用及策略优化做出了有益探索和基础性贡献。

泰国诗琳通公主向芮福宏颁发“诗琳通公主奖”

泰国大城技术学院荣获“国王奖”

第十三章 / 建设成效

章引语

2022年8月20日，在首届世界职业技术教育发展大会上，中国教育国际交流协会会长刘利民、时任天津市副市长李树起，在埃塞俄比亚驻华大使、马达加斯加驻华大使等多国驻华使节见证下，为“泰国鲁班工坊”等25个项目授牌，其中天津院校建设20家鲁班工坊，金华职业技术学院、宁波职业技术学院等省外院校承建5家鲁班工坊，全国首批鲁班工坊运营项目正式揭晓。鲁班工坊源自天津，成在中国，功予世界。

一、中泰双方的认同和支持

泰国鲁班工坊建设受到了中泰双方政府的高度认同和大力支持。泰国鲁班工坊建设开启了打造中国职业教育的国际品牌的新阶段。

鲁班工坊从创立至今，取得了丰硕的成果，彰显了开拓创新、精益求精的中国工匠精神与携手并进、共同发展的国际合作理念，在国内外形成巨大影响，多国领导、院校校长、教师和学生给予高度评价。

สยามรัฐ

สอศ.สนองพระราโชบายสมเด็จพระเจ้าอยู่หัว ส่งเด็กอาชีวะอบรมระบบราง ความเร็วสูงที่ ว.เทคนิคเทียนจิน

◉ 泰国国王拉玛十世在《暹罗日报》上寄语泰国鲁班工坊铁院中心：“努力为泰国高铁培养技术人才！”

◉ 泰国副僧王、海上丝路孔子学院理事会主席颂德通猜认为“经过5年的发展，鲁班工坊非常成功”

◉ 泰国教育部职业教育委员会秘书长苏泰博认为泰国鲁班工坊帮助提升泰国职业教育达到国际水平

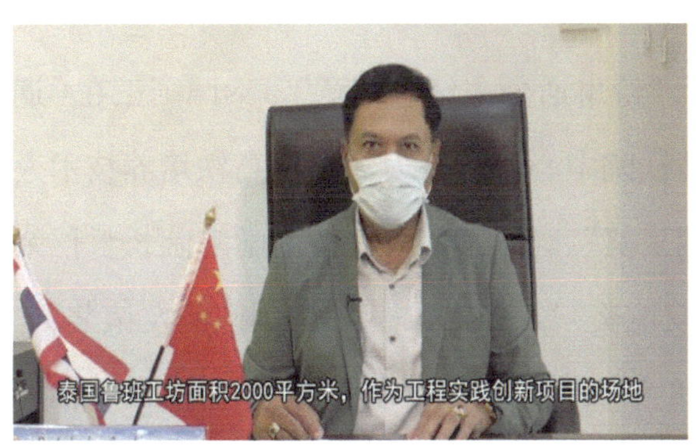

◉ 泰国教育部职业教育委员会副秘书长阿塔彭认为泰国鲁班工坊和工程实践创新项目为泰国培养了大批技术技能人才

◉ 泰国大城府省长布拉雍出席鲁班工坊揭牌仪式并致辞

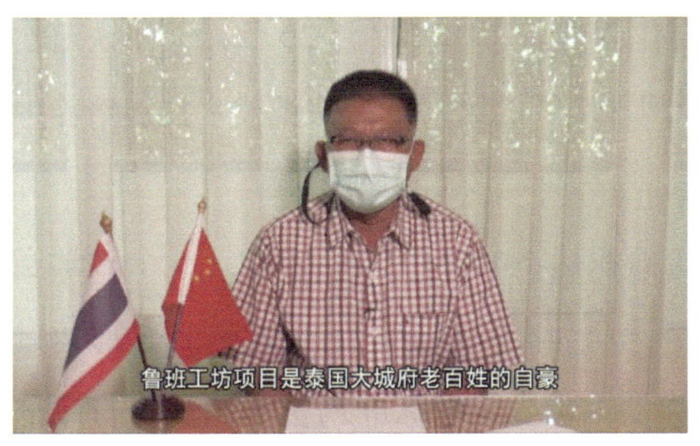

◉ 泰国红统省原省长、泰国大城府省原副省长里瓦认为"鲁班工坊项目是泰国大城府老百姓的自豪"

阿塔育·习萨目（泰国驻华大使）：

泰国非常骄傲能成为中国在海外设立第一个"鲁班工坊"的国家，这充分证明了泰中友谊和两国文化的相知相通。天津在智慧城市、智慧产业、智慧生活方面都非常出色，现代化高科技与绿色人文自然相得益彰，为泰国曼谷的发展提供了样板，希望今后双方在相关领域加强合作。

◉ 泰国驻华大使阿塔育·习萨目对鲁班工坊为合作国当地经济社会发展所做出的突出贡献给予高度赞赏

天津渤海学院被泰国授予"诗琳通公主纪念奖章"，泰国国王在《暹罗早报》上寄语泰国鲁班工坊铁院中心："努力为泰国高铁培养技术人才！"大城技术学院荣获"国王奖"。原泰国大城技术学院院长哲仁荣获 2020 年天津市政府"海河友谊奖"，获 2022 年"中国政府友谊奖"。天津渤海学院荣获 2016、2018 年职业院校教育国际影响力 50 强学校，2018 年亚太职业院校影响力 50 强学校。

二、大城技术学院获"国王奖"

泰国鲁班工坊是全球首家鲁班工坊，于 2016 年 3 月 8 日由天津渤海学院和泰国大城技术学院合作创建。2018 年 7 月 20 日，天津铁道学院在泰国鲁班工坊内建成了我国在境外的第一个高铁类技术技能培养中心——泰国鲁班工坊铁院中心。

工坊经过三期建设，建筑面积达 2 000 平方米，共有 15 个教学实践区；共开设国际化专业 6 个，均为高等职业教育层次，且全部通过泰国教育部职业教育委员会审批，学历教学标准均被泰国教育行政部门认可。

泰国鲁班工坊已成为专业设置齐全、教学理念先进、技术装备精良、功能辐射广泛的优质境外办学项目，能够同时开展学历教育与技能培训、技能大赛与设备研发、师资培养与合作交流，不仅服务泰国经济社会发展，还可以辐射周边东盟国家。

“国王荣誉奖”是由泰国教育部主办的全国性奖项，“国王奖”是泰国职业院校最高奖项，竞争非常激烈。荣获“国王奖”的院校，需要在教育、人才培养、社会影响力等方面都有突出成绩。

泰国大城技术学院的办学能力因鲁班工坊的建设得到极大提升，该学院在大城省内以第一名的身份脱颖而出，获得全国参选机会，参加泰国五个教育区评选，最终通过全国专家评审，获得2017年度“国王奖”，泰国国王拉玛十世玛哈·哇集拉隆功亲自颁发了奖章。这极大提高了大城技术学院的知名度，奠定了大城技术学院在泰国中部教育区职业院校中的地位。

三、天津院校获“诗琳通公主奖”

多年来，泰国政府高度重视职业教育的发展，致力于现代高素质技术技能人才的培养模式的变革。泰国鲁班工坊自建成以来，开展了多期培训，辐射泰国全国，培养了大批职业技能人才，为泰国的职业教育做出了积极的贡献。2017年2月3日，作为鲁班工坊的设计和建设者，时任天津市教委副主任吕景泉和天津渤海学院党委书记芮福宏被泰国公主诗琳通授予“诗琳通公主奖”。“诗琳通公主奖”作为泰国皇室荣誉的重要标志，主要授予为泰国社会或人民大众做出贡献的人。

泰国教育部职业教育委员会副秘书长对吕景泉和芮福宏获得“诗琳通公主奖”表示了祝贺，他十分感谢天津市教委对泰国职业教育的支持和帮助，表示天津渤海学院和泰国大城技术学院的友好合作及鲁班工坊对泰国职业教育起到了很大的推动作用，希望能够和天津继续加强合作，共同推进两国职业技术教育的发展。

赵昆通猜博士对天津渤海学院和泰国大城技术学院的合作给予高度评价，认为鲁班工坊是泰国职业技术教育同国外学院合作的成功案例和典范，极大地提高了大城技术学院在泰国同类院校中的地位。他希望大城技术学院的哲仁院长将与天津渤海学院的成功合作经验向泰国其他学院推广，促进泰国职业教育的发展。他还希望借助天津留学生奖学金项目让更多泰国学生到天津渤海学院读书。

四、技能人才培养成效显著

1. 本土学生教学实施

泰国鲁班工坊本土学历教育学生教学，根据泰国法律及政策要求，结合泰国大城技术学院的教学阶段和学生情况，按照鲁班工坊专业课程标准和泰国职业教育课程标准，制订详细的教学方案和计划，确保主干专业课程课时，完成学业且成绩合格的学生可获得泰国毕业文凭。

泰国鲁班工坊技能培训教育，由泰国大城技术学院根据泰国法律及政策要求，按照相关专业课程标准制订培训计划并组织实施，学员经培训合格后将取得培训证书。

六年来，泰国鲁班工坊学历教育培养共计 1 343 人。泰国鲁班工坊除为泰国师生提供学习训练外，还对东盟其他国家职业院校师生开放，目前已累计培训学生 11 000 余人次。其中 16 人次荣获所在国技能大赛奖牌，特别是 2019 年泰国鲁班工坊留学生参加泰国首届职业教育宝石王杯大赛，荣获金牌冠军诗琳通公主宝石王杯；鲁班工坊培训的学生参加泰国首届铁道运输系统邀请赛荣获冠军奖。

泰国鲁班工坊铁院中心辐射成效日益显现。2020 年，印度尼西亚雅万高铁运营联合体通过中国国铁集团、中国铁路北京局集团公司，拟定同天津铁道学院合作开展雅万高铁运维人员资格性培训。2021 年 6 月，《雅万高铁运营筹备培训工作实施方案》印发，天津铁道学院承担雅万高铁运维 1 160 人的理论培训，为雅万高铁顺利通车提供技术人员支持保障。

2. 来华留学生教学实施

泰国鲁班工坊由天津渤海学院与泰国大城技术学院合作实施学历教育，教学采取“0.5+2+0.5”的模式，在中国与泰国分段实施，入学后和毕业前在泰国各学习半年，在中国学习 2 年，毕业生将同时获得天津渤海学院和泰国大城技术学院的毕业证书。

天津铁道学院与泰国大城技术学院合作采取“1+1”的模式培养鲁班工坊学生，学生第一年在泰国大城技术学院学习专业基础知识，第二年在天津铁道学院学习专业技术技能。

至今，泰国鲁班工坊项目共招收留学生 200 多人，已毕业的 66 名泰国留学生中，27 人到本科院校深造，其余均已就业，就业率达 100%。泰国留学生参加中国技能比赛，共有 16 人次获奖。

五、共享现代职业教育标准体系

泰国鲁班工坊的专业标准是在天津国际化专业教学标准的基础上开发的，无论是教育理念还是教学标准，均代表了国际上的先进水平，因此得到了泰国政府的高度认可。2017 年 8 月，天津渤海学院开发的机电一体化国际专业教学标准与资源，通过了泰国教育部职业教育委员会的审核答辩，被纳入泰国学历职业教育体系。2019 年 12 月，（高铁）动车组检修技术和（高铁）铁道信号自动控制专业通过泰国教育部职业教育委员会的审批。2020 年，物联网技术、数控技术、新能源汽车技术专业标准通过泰国教育部职业教育委员会的审批。目前，泰国鲁班工坊 6 个专业全部通过了泰国教育部职业教育委员会的认证，为中国职教标准服务泰国经济社会发展、服务“走出去”中国企业奠定了基础。

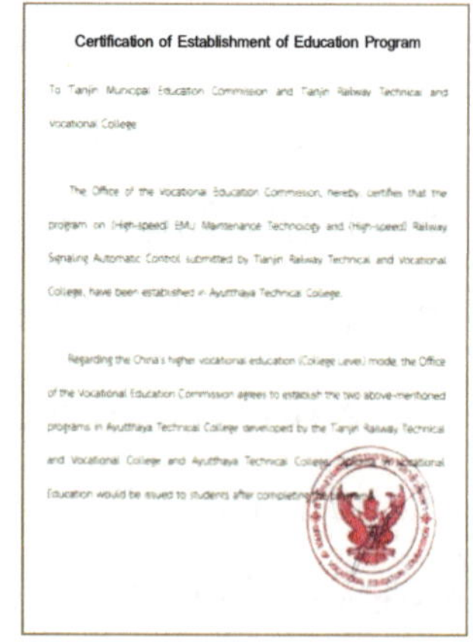

Certification of Establishment of Education Program

To Tianjin Municipal Education Commission and Tianjin Railway Technical and Vocational College

The Office of the Vocational Education Commission, hereby, certifies that the program on (High-speed) EMU Maintenance Technology and (High-speed) Railway Signaling Automatic Control submitted by Tianjin Railway Technical and Vocational College, have been established in Ayutthaya Technical College.

Regarding the China's higher vocational education (College Level) mode, the Office of the Vocational Education Commission agrees to establish the two above-mentioned programs in Ayutthaya Technical College developed by the Tianjin Railway Technical and Vocational College and Ayutthaya Technical College. [illegible] Vocational Education would be issued to students after completing [illegible]

◉ 泰国鲁班工坊专业认证文件

天津渤海学院开发的机电一体化国际专业教学标准与资源，通过了泰国教育部职业教育委员会的审核，被纳入泰国学历职业教育体系。

机电一体化国际专业是根据泰国经济建设的需要和我国“一带一路”倡议的需要，以工程实践创新项目为教学模式，融合计算机应用、机电一体化、自动化控制专业知识与技能而设立，旨在培养泰国学生掌握机电一体化技术专业基本知识；掌握普通机床、数控机床的结构特点、工作过程；掌握机械设备状态检测与故障诊断、机电设备管理；提升计算机辅助设计与测绘、计算机辅助制造能力，人际沟通与交往能力和团队协作意识；熟悉电气设备的设计维修规范，掌握自动化生产线的调试、维护能力及设计、改造简单机电设备的技能；提升自主创新创业能力。

该专业学生可从事机电设备（数控设备、自动化生产线等）的安装调试、操作运行、维护维修、技术改造等生产一线工作，将成为熟悉中国技术、中国标准和中国产品的海外本土化技术技能人才。

机电一体化国际专业教育采取同时在中国和泰国开展学历教育和短期培训的形式，教材采用自主编写的中英文双语教材，授课采用中英文及部分泰语的授课方式，授课内容包括数控技术、计算机辅助设计、电脑鼠等多门实践性很强的课程。

六、获国家级教学成果奖

“开发国际化专业教学标准，创设‘鲁班工坊’ 职业教育国际合作的研究与实践”项目荣获 2018 年职业教育国家级教学成果奖一等奖。

1. 成果简介

2010 年，教育部与天津市人民政府制定了《国家职业教育改革创新示范区建设实施方案》，确定了实施八大工程，其中“职业教育国际合作交流促进工程”明确提出了职业教育国际合作交流平台构建计划、职业教育“走出去”战略实施计划、增强国际影响力计划。2012 年起，按照天津市教委《关于进一步推进职业教育国际化专业教学标准开发工作的通知》要求，天津率先开发了 50 个国际化专业教学标准，研发创立了工程实践创新项目教学模式，承办全国大赛同时邀请其他国家选手同台竞技，建设国际教育资源；2013 年开始国际化专业试点、招收留学生，为天津职业教育“走出去”，规划国际合作方案奠定了基础。特别是天津渤海学院在泰国建立的我国首个海外鲁班工坊，为天津职业教育全面对外合作开了先河。目前，在英国、印度、印度尼西亚和巴基斯坦等国家的鲁班工坊相继建成，得到了当地政府、教育部门及师生的高度评价。

鲁班工坊是在教育部的指导下，紧贴“一带一路”沿线国家产业对技能人才的紧急需求，以中国工匠代表——“鲁班”命名，将我国的国际化专业教学标准、EPIP 教学模式、国赛装备、竞赛标准、国际化教学资源系统设计于现代技术实践训练基地，并在海外落地，实现了中国标准、中国装备、中国方案“走出去”，体现了中国职业教育的贡献度。

鲁班工坊建设成效卓著：系统设计了鲁班工坊的建设标准体系，包括统一标识、专业教学、实训基地、师资团队、教学资源、教学模式标准，明确了国际化专业的人才培养目标、师资、课程、环境条件、教学模式等要素；探索了鲁班工坊的运营管理体系，其中涵盖投资、招生、就业、国际竞赛、监控评价等过程要素；创设了鲁班工坊机制保障体系；确立了鲁班工坊服务于输入国的社会经济发展、服务于中国企业的产能和服务输出、服务于中国职业教育国际合作发展、服务于职业院校师资和专业建设的发展定位；探索了“依托校际国际合作、配合中国企业和产品走出去、依托政府间战略合作”等三种建设模式；提出了“平等合作、优质优先、强能重技、产教融合、因地制宜”五个基本原则。鲁班工坊建设为中国职业教育国际合作发展的途径和模式提供了标准和依据。

多年来，鲁班工坊通过国际合作项目培养技能人才上万人，学生多次在国内外技能大赛中获奖。2015 年 7 月，时任国务院副总理刘延东观看 EPIP 教学成果，并予充分肯定。“双语、双师、双能”师资队伍水平不断提升，完成专著 2 部、相关课题 50 余项，编写双语教材 13 部。2017 年，EPIP 国际教育联盟成立，鲁班工坊被中共中央办公厅、国务院办公厅列为具有中国特色、国际影响的人文交流品牌。

2. 成果解决的问题

针对职业教育国际合作办学人才培养标准缺失，中国职教在合作中如何“走出去”，用什么与国际职业教育深度交流，如何保障中国职教在国际上立住脚等问题，成果进行了系统化探索。

（1）针对职业教育国际合作办学人才培养标准缺失的问题，天津职教开发了 50 个完整的与国际企业岗位需求相匹配、符合国际企业需要、对接国际技术技能人才规格的专业教学标准。

中国职教曾经历了长期向外国学习借鉴的过程，培养国际企业需要的人才需要国际化专业标准。通过调研、梳理国际企业岗位核心技能和相关技能，成果确立了国际化专业人才培养目标，构建工程项目引领的国际化课程体系，打造“双语、双师、双能”的师资团队，建设工程实践基地和评价体系。

（2）针对学生学习兴趣不足、学习内容与工程实际脱离、技术创新能力培养缺乏手段等问题，启动了 EPIP 建设计划，形成了 EPIP 教学模式。

该模式以“工程”为“引”，以“实践”为“径”，以“创新”为“魂”，以“项目”为“动”。①“工程”：分析对象特点，计划实施途径，选取工程材料；②“实践”：试验验证方案，分析试验数据，调试设计方案；③“创新”：更新工艺方案，革新技术工艺，创造新的产品。三层次递进式的 EPIP 训练，实现对接国际的高素质技术技能人才培养。EPIP 国际教育联盟的成立，使得中国的教学模式和手段得到了国际认同。

（3）针对中国职教在合作中“走出去”路径不明、机制缺乏问题，鲁班工坊建设探索了中国职业教育“走出去”的模式。

鲁班工坊建设的主要依托包括：① 依托职业院校的校际合作；② 依托中国企业和产品“走出去”；③ 依托政府间的战略合作。受到政治、经济、文化和宗教信仰等因素的影响，在国外办学有很多不确定性因素，鲁班工坊建设在具体实施中提出了必须坚持“平等合作、优质优先、强能重技、产教融合、因地制宜”五个基本原则，有效地保障了鲁班工坊项目的顺利实施和我国职业教育的项目输出。

（4）针对中国职业教育与世界职业教育交流缺乏深层次平台，保障中国职教在国际上立住脚等问题，鲁班工坊被作为我国职业教育在国外的一种技术技能服务、技术文化传承的交流合作窗口，以弘扬鲁班工匠精神，促进了世界对工坊发明创造、技术共享理念的认同感。

鲁班工坊的建设与发展将直接促进输入国对我国技术技能和企业标

准的认知、理解与接纳，通过师生交流、思想交流和文化交流，促进国家之间、青年学生之间的相互认识与了解，逐步达成了区域文化认同、价值认同。

3. 成果的创新点

（1）系统设计了鲁班工坊的建设标准、运营管理、机制保障体系。

从系统论的角度，规范了鲁班工坊的统一标识、专业教学、实训基地、师资团队、教学资源、教学模式等要素的建设标准体系，从方法论的角度，阐述了鲁班工坊的投资、招生、就业、国际竞赛、监控评价的过程管理体系，从条件论的角度，确立了鲁班工坊三种建设模式、四个发展定位和五项基本原则的机制保障体系，为中国职业教育国际合作发展的途径和模式提供了标准和依据。

（2）创设了中国职业教育国际合作品牌项目——“鲁班工坊”。

在海外建成鲁班工坊，输出了天津职业教育优质资源和教学标准，开启了在职业教育国际合作交流中构建和打造“中国模式”的新时代。“鲁班工坊”作为将中国优质职业教育和中国优质产品技术向合作国输出的中国职业教育国际合作品牌项目，被中共中央办公厅、国务院办公厅列为具有中国特色、国际影响的人文交流品牌。

（3）建立了中外职业教育学历证书的等值互认机制。

依据合作国区域经济发展需求，与合作国共同制订国际化教学标准，构建国际互认课程标准认证的学生培养标准平台。统一国际化专业学历证书类别，确立学历证书互认参考标准，依托学分制，累积和转换证书表征的学习成果，建立质量保障体系，实现中外职业教育学历证书等值互认。机电一体化专业通过了泰国教育部职业教育委员会的评估认证。中餐烹饪技术专业通过英国 Qualifi 核准，同步在欧洲学历资格体系得到公认。

（4）系统提出了国际化专业教学标准开发的理念、方法和途径。

国际化专业教学标准开发，以职业能力标准的国际对接为基础，以国际水平跨国企业人才要求为目标，以体现国际发展趋势的专业课程开发为核心，以培养双语、双师、双能的师资为关键，以教学条件的国际合作水平建设为保障，以国际权威职业资格证书为引领，瞄准国际先进产业和高水平职业教育，是国际互认并突出本土特色和优势的专业教学标准。

鲁班工坊开创了职业教育国际合作发展的品牌，是中国职业教育的重大理论创新，在职业教育“走出去”实践中取得特别重大突破。

该成果通过 10 多年的开发、实践、应用推广，突破原有的发展模式，全面提高了职业教育的国际合作水平，提升了技术技能人才的培养质量。开发的国际化专业教学标准、EPIP 教学模式、国际赛项装备、教学资源已在职业院校和国际赛项中得到了普遍应用。

中国职业教育国际合作品牌项目——“鲁班工坊”业已成为中外人文交流品牌项目，在国内外形成较大的影响力。

七、泰国工坊验收评估

依据鲁班工坊建设标准和评估办法，2021 年 10 月 18 日，全球首个鲁班工坊——泰国鲁班工坊验收评估会议在天津圆满召开。天津市鲁班工坊研究与推广中心聘请 7 名来自全国的职业教育知名专家组成评估专家组，从项目管理、成效经验及特色成果等多方面对泰国鲁班工坊的建设情况进行了全面评估。验收评估采用线上线下相结合的方式进行。

◉2021 年 10 月 18 日，泰国鲁班工坊顺利通过评估

◉2021 年 10 月 18 日，泰国鲁班工坊验收评估会上专家们在进行交流讨论

专家组首先听取了泰国鲁班工坊中方建设院校——天津渤海学院和天津铁道学院的建设情况汇报，认真查阅了鲁班工坊建设资料，实地考察了工程实践创新项目体验中心等实训基地；其次，在线听取了泰国有关政府官员的介绍，与泰国大城技术学院教师、学生及家长进行了充分交流，并与泰国鲁班工坊参建企业代表进行了现场连线问询；最后，专家组一致认为：泰国鲁班工坊作为全球首个鲁班工坊，发展定位准确，建设规划科学，严格遵循鲁班工坊的内涵标准要求，其建设与发展基于天津作为国家现代职业教育改革创新示范区的建设成果，开创了中国职教标准、中国职教装备、中国职教方案“走出去”的新模式，项目建设得到中泰双方政府的高度肯定，在东南亚地区以及国际社会产生

了巨大的影响力。

泰国鲁班工坊创新采用“一坊两中心”建设模式，建设有渤海中心和铁院中心。五年来，学历教育共培养 1 125 人，同时面向东盟国家职业院校师生开放，累计交流培训学生 8 000 余人次。9 人次荣获所在国技能大赛奖牌，2019 年泰国鲁班工坊留学生参加泰国首届职业教育宝石王杯大赛并荣获金牌冠军。天津铁道学院与天津骥腾科技有限公司合作，共同研发了职业技能大赛装备，并获得实用新型专利，该装备也已成为泰国轨道交通职业技能大赛的指定装备。以泰国鲁班工坊铁院中心为平台，天津企业与 10 余家泰国企业达成销售订单近 4 000 万元，服务“一带一路”倡议并反哺天津经济发展，赋予了鲁班工坊更强、更持久的生命力。

五年来，鲁班工坊内生动力不断增强。从建设初期的 232 平方米发展为 2 000 平方米，从 4 个教学实践区发展为 15 个教学实践区，从 1 个专业发展到 6 个专业。目前天津渤海学院与天津铁道学院携手创立的 6 个国际化合作专业，全部被纳入泰国国民教育体系，实现了中国标准在泰国的落地。项目的合作专业数量逐年增长，招生规模日益扩大，服务能力也在稳步提升，形成可持续发展能力。

泰国鲁班工坊建设为中泰职业教育的发展与交流带来显著成效。高达 100% 的泰国鲁班工坊教学一线教师认为，鲁班工坊项目的人才培养目标、课程内容和培养方式能够满足学生的发展需求和社会的人才需求；毕业生对鲁班工坊人才培养的总体满意度高达 100%，对学生人文交流体验的总体满意度达到 95.84%。泰国鲁班工坊建设对中国院校的反哺作用显著，在人才培养方面，高达 92.11% 的中国教师认为泰国鲁班工坊建设对学校教学质量具有提升作用；中国教师一致认为泰国鲁班工坊建设对学校国际化技术技能人才培养具有改进作用。

第十四章 / 评估报告

章引语

为科学公正地对泰国鲁班工坊的人才培养质量进行评估，结合鲁班工坊的发展定位与服务功能，对泰国鲁班工坊教学一线的泰方专业教师、在读泰国学生、即将毕业和已毕业学生、中方参建专业教师，以及与鲁班工坊合作、在泰国本土发展的中资企业进行了广泛的问卷调查。

问卷调查的主要内容包括泰国鲁班工坊在读学生的人才培养状况，泰国鲁班工坊毕业生的人才培养满意度、就业满意度，以及泰国鲁班工坊对中方院校与中国教师的反哺情况等。调查的主要目的是全面掌握泰国鲁班工坊人才培养质量情况。

经过五年的稳步发展，泰国鲁班工坊项目建设成效显著，影响力巨大，泰国本土的一线专业教师和学生均对泰国鲁班工坊的满意度很高，其主要体现于对人才培养过程、人才培养满意度、就业满意度、项目反哺等多项指标的评价。

一、泰国鲁班工坊人才培养质量报告

1. 专业教师与在校学生对人才培养过程的评价

泰国鲁班工坊教学一线教师对人才培养目标、教学内容、教学方式及其效果等方面均给予充分肯定。一是在人才培养目标方面，高达100% 的教师认为鲁班工坊项目的人才培养目标能够满足学生的发展需求和社会的人才需求；二是在人才培养内容方面，高达 100% 的教师认为“鲁班工坊项目的课程内容设置优于我国原来的内容设置，我会将中国教师对我培训的内容进行整合后再传授给学生”；三是在人才培养方式及其效果方面，100% 的教师一致认可天津的 EPIP 教学模式。

泰国鲁班工坊学生对人才培养目标、课程内容、教学方式、教学资源、未来预期等方面均给予积极评价。一是在人才培养目标方面，高达 98.95% 的学生对于“本专业的人才培养目标与社会人才需求相符合”持高度肯定态度；二是在课程内容方面，高达 98.95% 的学生认为当前学习的实践课程能帮助其适应未来的工作要求；三是在教学方式方面，高达 96.85% 的学生对于鲁班工坊教学方式的满意度很高，96.31%

的学生对“网络教学是否能够满足疫情期间学习需求”一项给予肯定评价；四是在教学资源方面，高达 95.79% 的学生对鲁班工坊人才培养资源的丰富程度给予充分肯定，其中，不仅对教学硬件设施给予积极评价（98.95%），而且对教师资源的满意度高达 98.42%；五是在未来升学与就业预期方面，学生均对中国非常向往，高达 97.9% 的学生有意愿到中国职业院校接受培训，82.63% 的学生想进入泰国本土的中资企业就业，88.84% 的学生想到中国继续深造。

2. 毕业生的学业满意度和就业满意度情况

泰国鲁班工坊首期毕业生在 2019 年毕业，天津市鲁班工坊研究与推广中心对 2019 年以来毕业后继续升学和就业学生进行了抽样调查，结论如下。

（1）泰国鲁班工坊毕业生对学业满意度的评价很高

毕业生对鲁班工坊人才培养的总体满意度高达 100%，对学生人文交流体验的总体满意度达 95.84%。一是在教学内容上，对教学内容的满意度达 95.83%，对实践课程的满意度达 95.84%；二是在教学方式上，对教学方式的满意度达 97.92%；三是在教学资源上，对信息化资源的满意度达 95.83%，对于教师资源的满意度达 97.92%；四是在教学效果上，毕业生对教学效果的满意度达 97.92%；五是在学业成就上，分能力类别调查显示，除了专业技能之外，毕业生在人际交往能力（83.33%）、信息获取和运用能力（81.25%）方面的获得感较强。

（2）泰国鲁班工坊毕业生对就业满意度的评价较高

目前，泰国鲁班工坊毕业生就业地点的人数分布比例为：泰国占

81.25% 和中国占 10.42%。就业单位的性质主要为泰国企业（43.75%）、中资企业（18.75%）、中泰合资企业（8.33%）、其他合资企业（22.92%）及外资企业（6.25%）。毕业生对工作的总体满意度较高，高达 81.25% 的人认为在鲁班工坊的学习经历有益于自身扩展未来工作发展空间；95.83% 的人愿意推荐亲朋好友就读鲁班工坊，70.83% 的人认为自己的月收入情况高于非鲁班工坊毕业生。

3. 泰国鲁班工坊对中国院校与中国教师的影响

（1）泰国鲁班工坊建设对中国院校具有多项反哺作用

一是在人才培养方面，高达 92.11% 的中国教师认为泰国鲁班工坊建设对学校教学质量具有提升作用，所有中国教师一致认为泰国鲁班工坊建设对学校国际化技术技能人才培养具有改进作用；二是在专业、课程、校企合作方面，高达 92.11% 的中国教师认为泰国鲁班工坊建设对学校专业（群）建设具有促进作用，高达 94.74% 的中国教师认为泰国鲁班工坊建设对学校课程资源建设具有正向影响，89.47% 的中国教师认为泰国鲁班工坊建设对学校与跨国企业产教融合具有促进作用；三是在管理水平方面，高达 92.11% 的中国教师认为泰国鲁班工坊建设对学校管理水平具有提升作用，高达 97.37% 的中国教师认为泰国鲁班工坊建设对学校留学生管理制度具有改进作用。

（2）泰国鲁班工坊建设对中国教师成长具有积极影响

在反哺教师层面，高达 94.74% 的中国教师认为泰国鲁班工坊建设对学校教师队伍整体发展具有促进作用，全部（100%）中国教师认为泰国鲁班工坊建设对学校教师的国际交流能力具有提升作用。

二、泰国鲁班工坊人才培养现状评估报告

教师和学生是人才培养工作的两个最主要的群体，因此在泰国鲁班工坊在读学生的培养状况调查中，问卷调查对象包括泰国鲁班工坊教学一线的教师和学生两部分。

1. 教学一线教师对泰国鲁班工坊的评价

（1）教学一线教师基本情况

该调查共回收泰国鲁班工坊教学一线教师问卷 25 份，其中男教师占 60%，女教师占 40%。被调查的泰国鲁班工坊教学一线教师基本情况如下：在学历分布上，大部分为本科学历，其中大专学历占 28%，本科学历占 64%，硕士学历占 8%；在职务分布上，60% 的教学一线教师无职务，36% 的教学一线教师担任系主任职务，4% 的教学一线教师担任副校长职务。

（2）教学一线教师对泰国鲁班工坊的综合评价情况

在人才培养目标层面，泰国鲁班工坊教学一线教师对“鲁班工坊项目的人才培养目标能够满足学生的发展需求”持高度肯定态度，其中 60% 的教学一线教师认为非常符合，40% 认为比较符合；对于“鲁班工坊项目的人才培养目标能够满足社会的人才需求”持高度肯定态度，其中 68% 的教学一线教师认为非常符合，32% 认为比较符合，两者之和高达 100%。

在人才培养内容层面，泰国鲁班工坊教学一线教师对于“鲁班工坊项目的课程内容设置优于我国原来的内容设置，能更好地满足学生发展

需求”一致持正面评价，其中 64% 的教学一线教师认为非常符合，36% 认为比较符合；对于“会将中国教师对我培训的内容进行整合后再传授给学生”的评价，68% 的教学一线教师认为非常符合，余下 32% 认为比较符合。

在人才培养方式层面，泰国鲁班工坊教学一线教师对于 EPIP 教学方式的教学效果评价很高，其中 60% 的教学一线教师非常认可，40% 比较认可，两者之和高达 100%。值得一提的是，鲁班工坊人才培养受到新冠肺炎疫情的严重影响，教学方式变革为线上教学。调查显示，泰国鲁班工坊教学一线教师对于“网络教学能够满足疫情期间学生学习需求”给予积极评价，其中 68% 的教学一线教师认为非常符合，28% 认为比较符合，两者之和达 96%。与此同时，全部（100%）泰国鲁班工坊教学一线教师认为，通过教师培训，自身教学水平得到了很大提升。

在人才培养效果层面，全部（100%）泰国鲁班工坊教学一线教师认为，鲁班工坊项目在当地很受欢迎，鲁班工坊项目培养的学生就业前景很好，鲁班工坊项目培养的学生对自己工作的满意度很高。

2. 学生对泰国鲁班工坊的评价

（1）学生基本情况

该调查共回收泰国鲁班工坊学生问卷 190 份，其中男生占 84.21%，女生占 15.79%。

（2）学生对泰国鲁班工坊的综合评价情况

在人才培养目标层面，泰国鲁班工坊学生对于“本专业的人才培养目标与社会人才需求相符合”持高度肯定态度，其中 87.9% 的学生认为非常符合，11.05% 认为比较符合，两者之和达 98.95%。

在人才培养内容层面，泰国鲁班工坊学生对于“当前学习的实践课程能帮助我适应未来的工作要求”持充分认可态度，其中 82.11% 的学生认为非常符合，16.84% 认为比较符合，两者之和达 98.95%；对于“鲁班工坊项目使我明确了未来就业需要诚实守信、爱岗敬业、努力工作、遵守企业规定”的评价很高，其中 82.11% 的学生认为非常符合，16.84% 认为比较符合，两者之和达 98.95%。

在人才培养方式层面，泰国鲁班工坊学生对于鲁班工坊教学方式的满意度很高，其中 82.11% 的学生认为非常满意，14.74% 认为比较满意，两者之和达 96.85%；对于“网络教学能够满足疫情期间学习需求”给予积极评价，其中 81.05% 的学生认为非常符合，15.26% 认为比较符合，两者之和达 96.31%。

在人才培养资源层面，泰国鲁班工坊学生对于“鲁班工坊人才培养资源丰富”持高度肯定态度，其中 82.58% 的学生认为非常符合，14.21% 认为比较符合，两者之和达 95.79%；对于“教学硬件设施能够很好地满足学习需求”给予积极评价，其中 83.16% 的学生认为非常符合，15.79% 认为比较符合，两者之和达 98.95%。

在教师资源方面，泰国鲁班工坊学生对于鲁班工坊教学氛围的满意度很高，其中 80.53% 的学生认为非常满意，16.32% 认为比较满意，两者之和达 96.85%；对于授课教师教学水平的评价很高，其中 84.74% 的学生非常满意，13.68% 认为比较满意，两者之和达 98.42%。

在人才培养效果层面，泰国鲁班工坊学生对于“通过鲁班工坊学习，自己的就业能力得到有效提升”给予很高评价，其中 82.63% 的学生认为非常符合，13.68% 认为比较符合，两者之和达 96.31%。

在未来升学与就业预期方面，泰国鲁班工坊学生对于中国非常向往，其中 97.9% 的泰国鲁班工坊学生有意愿到中国职业院校接受培训，

82.63% 的泰国鲁班工坊学生想进入泰国本土的中资企业就业，88.84% 的泰国鲁班工坊学生想到中国继续深造。

三、泰国鲁班工坊对中方合作院校的影响力评估

鲁班工坊在为合作国培养高素质技术技能人才、促进合作国产业发展的同时，也对中国职业教育发展产生了深远影响。因此，笔者对参与泰国鲁班工坊建设的中国教师进行了调查，深入了解泰国鲁班工坊建设对中方合作院校的影响。

在反哺学校层面，中国教师认为泰国鲁班工坊建设对学校教学质量具有提升作用的占比达 92.11%，认为泰国鲁班工坊建设对学校国际化技术技能人才培养具有改进作用的占比高达 100%，认为泰国鲁班工坊建设对学校专业（群）建设具有促进作用的占比达 92.11%，认为泰国鲁班工坊建设对学校课程资源建设具有正向影响的占比达 94.74%，认为泰国鲁班工坊建设对学校与跨国企业产教融合具有促进作用的占比达 89.47%，认为泰国鲁班工坊建设对学校管理水平具有提升作用的占比达 92.11%，认为泰国鲁班工坊建设对学校留学生管理制度具有改进作用的占比达 97.37%。

在反哺教师层面，中国教师认为泰国鲁班工坊建设对学校教师队伍整体发展具有促进作用的占比达 94.74%，认为泰国鲁班工坊建设对学校教师的国际交流能力具有提升作用的占比高达 100%。

第十五章 / 未来发展

章引语

通过“一带一路”建设，中泰职业院校共同发展现代职业教育，构建职业教育共同体。泰国鲁班工坊将继续致力于服务泰国工业建设4.0对技术技能人才的需要，服务泰国青年就业，分享中国优质职业教育成果，推动可持续发展。

一、设立海外技术技能人才储备基地

泰国鲁班工坊注重加强内涵建设，建立完善的鲁班工坊运营管理机构，建立、规范、完善管理运行制度，扩大鲁班工坊的功能及影响，以校企合作、人才培养、技术装备研发作为可靠动力，促进鲁班工坊两个中心的可持续发展。鲁班工坊的建设是一项长期的合作项目，需要建立相应的管理体制和激励机制，以保证项目的健康发展。建立科学的管理体制，规范泰国鲁班工坊两个中心合作方的权利与义务，方能保证鲁班工坊各方能够持续投入到鲁班工坊的项目教学中，真正发挥出鲁班工坊的作用，促进中国职业教育的国际化，促进中泰人文文化交流。

依托泰国鲁班工坊，延伸鲁班工坊在国际产能合作中发挥的作用，为境外中资企业提供人力保障，助推中资企业“走出去”。发挥鲁班工坊在学生顶岗实习和项目实践中的作用，推动设立鲁班工坊海外技术技能人才储备基地，激发创新创业活力，促进技术技能成果转化，服务优质产能“走出去”。探索与亚洲国家职业院校在石化类、轨道交通类专业上的交流合作，依据相关企业在海外市场的发展需求，培养培训符合企业需求的海外人才，帮助企业解决在海外发展的人力资源本土化问题，合作推动相关行业传统文化的宣传和传承，促进中外交流。

二、推广工程实践创新项目教学模式

工程实践创新项目（EPIP）教学模式是一种中国原创的先进教学模式，天津渤海学院作为 EPIP 国际教育联盟的发起和推广单位，将深化 EPIP 国际教育联盟、EPIP 教学研究中心、中泰职业教育研究中心三大高端平台运营管理，让中国优质职业教育教学模式在海外落地生根，与世界共享。利用可编程技术、机器人技术、传感器技术和人工智能技术等开发鲁班锁现代技能大赛，实现从工程到实践再到创新项目，丰富学生的工程实践知识、经验，提升学生的工程技术应用能力、工程实践创新能力和职业素养，拓展学生的专业视野。

三、孵化外国留学生实践基地

鲁班工坊建设广泛开展国际合作交流，完善外国留学生实习实践基地建设，发挥鲁班工坊作为中外人文交流平台的作用，弘扬鲁班工匠精神，与东盟多国开展职业教育交流活动，搭建职业教育的合作平台。提升市级外国留学生实习实训基地建设水平，重点打造智慧商务、互联网金融运营、物联网技术等外国留学生实习实训基地；建设智能制造领域中外人文交流人才培养基地；秉持“技术创新＋人文交流”理念，孵化“智能国际技术创新中心”；建设外国留学生文化体验基地，与山东省滕州市鲁班纪念馆共建校外留学生文化体验基地。

以泰国鲁班工坊两个中心为平台，积极拓展开发职业教育合作项目，强化产教融合、学做一体的中国职业教育理念，加强国际化专业标准与当地职业教育要求及实际的结合，积极促进和落实泰国高等教育合作项目；积极参与泰国皇家理工大学面向东南亚铁路人才培养基地建设；继续研发技能大赛产品，扩大参赛范围，研发完善中国实训装备，申报和举办国际化的职业技能大赛；总结经验，不断提高人才培养质量和鲁班工坊的影响力，将两个中心建成集学历教育和技能培训为一体、在行业中有一定影响力、功能齐全、辐射广泛的优质境外职业教育合作项目；将两个中心建成集“技能—技术技能—技术应用型”人才培养为一体的东南亚高铁类、化工类人才培养基地。

四、打造泰国鲁班工坊旗舰店

深化建设集优质教学模式、优质教学资源、优质中国实训装备、优质中资合作企业、优质中国大赛资源于一体的泰国鲁班工坊，开发国际专业教学标准和课程体系，为境外国家输出中国职业教育优质教学资源和标准，培养规模化、掌握中国先进技术的国际型职业技术技能人才，使现有国际化专业获得泰国教育部职业教育委员会认证。开展空中课堂资源开发，以服务国际化教学为核心，提供教室智能管控、课堂互动教学、教学过程督导等功能，使泰国鲁班工坊建设成为专业设置齐全、教学理念先进、技术装备精良、功能辐射广泛的优质境外办学项目。

依托泰国鲁班工坊两个中心，深化国际化校企合作，不断提高人才培养质量，扩大鲁班工坊的影响力。继续助力“走出去”中资企业发挥鲁班工坊作为中外人文交流平台的作用，弘扬中国的鲁班工匠精神。加强与泰国铁路、化工企业的合作，以鲁班工坊为人才培养和技能培训的基地，广泛开展坊内培训及到天津渤海学院、铁道学院进行高级进修班培训，积极探索订单班培养模式，结合目前相关行业发展情况与泰国相关企业岗位人才需求情况，共同拓展合作项目和领域，在铁路、化工等领域进行培训合作。

充分发挥政府、企业、学校合作办学的优势和作用，将泰国鲁班工坊打造成立足泰国、辐射东南亚的技术技能人才培养中心，为“一带一路”倡议搭建民心相通的桥梁，深化泰国鲁班工坊旗舰店建设，描绘出绚丽多彩的工笔画。

第五篇
媒体报道采撷

篇引语

鲁班工坊受到中外高度赞誉，获得多项大奖，如“诗琳通公主奖”“国王奖”“撒哈拉大骑士勋章”等；英国鲁班工坊受邀为首相府新年招待会献艺，印度尼西亚总统佐科盛赞项目成效，吉布提总统盖莱出席项目启动仪式，葡萄牙总理科斯塔出席项目签约仪式。新华社、中央电视台、人民日报、光明日报、中国教育报、中国日报、BBC、CNC 等国内外 800 余家媒体都对鲁班工坊进行了广泛报道。鲁班工坊成为对外交流的国家名片。

为了给读者呈现更加生动的泰国鲁班工坊建设过程，我们在众多的报道中采撷一些经典文章，通过记者流畅的笔墨记载历史，通过鲜活的事项述说历程，通过具体的任务讲解艰辛、抒发喜悦。

本篇内容，主要摘编自：

《中国教育报》，2017 年 5 月 30 日（头版头条），《“鲁班”环游记——鲁班工坊向世界输出中国职教品牌》；《天津日报》，2018 年 7 月 25 日，《搭建天津职教与世界“对话”舞台——泰国“鲁班工坊”建设纪实》；《中国教育报》，2017 年 8 月 19 日（头版头条），《天津：当好职教改革“领头羊”》；《中国日报网》，2021 年 5 月 28 日，《首个鲁班工坊海外行》。

ต้อนรับ...ประยูร รัตนเสนีย์ ผวจ.พระนครศรีอยุธยา ให้การต้อนรับ โกว ลี้จุน รอง ผอ.สำนักงาน สภาผู้แทนประชาชนนครเทียนจินจากสาธารณรัฐประชาชนจีน ในโอกาสมาเยือน จ.พระนครศรีอยุธยา

ข่าวสำนักงานรัฐมนตรี กระทรวงศึกษาธิการ
http://www.moe.go.th

ข่าวสำนักงานรัฐมนตรี 493/2560
รมช.ศธ."ม.ล.ปนัดดา ดิศกุล" ลงพื้นที่โครงการวิจัยอาชีวะ เศรษฐกิจพอเพียง และศาสตร์พระราชา ที่ จ.สุพรรณบุรี และพระนครศรีอยุธยา

เมื่อวันจันทร์ที่ 18 กันยายน 2560 ม.ล.ปนัดดา ดิศกุล รัฐมนตรีช่วยว่าการกระทรวงศึกษาธิการ ลงพื้นที่จังหวัดสุพรรณบุรีและพระนครศรีอยุธยา เพื่อตรวจเยี่ยมการดำเนินงานตามนโยบายรัฐบาลและกระทรวงศึกษาธิการ ด้านการจัดการเรียนอาชีวศึกษาเพื่อพัฒนาท้องถิ่นและประเทศ ศูนย์การเรียนรู้เศรษฐกิจพอเพียง และการขับเคลื่อนโครงการสถานศึกษาคุณธรรม ก่อนการเข้าร่วมประชุมคณะรัฐมนตรีนอกสถานที่อย่างเป็นทางการ ภาคกลาง ในวันที่ 19 กันยายน 2560 ณ จังหวัดพระนครศรีอยุธยา

รมช.ศธ."ม.ล.ปนัดดา ดิศกุล" ลงพื้นที่
จ.สุพรรณบุรี และพระนครศรีอยุธยา

หน้า 4

จีนหนุนเทคนิคกรุงเก่าเปิด "ลูบันเวิร์คชอป" สุดไฮเทค แห่งแรกในไทย

เนื่องด้วยวิทยาลัยเทคนิคพระนครศรีอยุธยาเป็นสถานศึกษาที่เปิดสอนด้านช่างอุตสาหกรรม โดยก่อตั้งขึ้นเมื่อปี พ.ศ.2481 ภายในเกาะเมืองพระนครศรีอยุธยา ใกล้กับอุทยานประวัติศาสตร์พระนครศรีอยุธยา บนพื้นที่ 18 ไร่ 2 งาน ปัจจุบันเปิดทำการสอน ในระดับชั้น ปวช. ปวส. และ ระดับปริญญาตรี มีจำนวนนักศึกษาทั้งสิ้น 3,916 คน มีคณะผู้บริหาร ครูและบุคลากรทางการศึกษา จำนวน 202 คน เปิดทำการสอนในหลากหลายสาขาวิชา จำนวน 12 สาขาวิชา และมีสาขาที่เกี่ยวข้องกับการจัดการเรียนการสอนภายใต้โครงการความร่วมมือศูนย์ปฏิบัติการเทคโนโลยีและนวัตกรรมลูบัน อาทิ สาขาไฟฟ้ากำลัง อิเล็กทรอนิกส์ ช่างยนต์ ช่างกลโรงงาน เทคนิคคอมพิวเตอร์ เมคคาทรอนิกส์ รวมถึงสาขาวิชาระบบขนส่งทางราง เป็นต้น ศูนย์ปฏิบัติการเทคโนโลยีและนวัตกรรมลูบัน หรือ LUBAN WORKSHOP เกิดขึ้นจากการลงนามความร่วมมือกัน ระหว่างวิทยาลัยเทคนิคพระนครศรีอยุธยา ประเทศไทย และวิทยาลัยเทคนิคและอาชีวศึกษาเทียนจินโป๋ห่าย สาธารณรัฐประชาชนจีน ในวันที่ 18 พฤศจิกายน พ.ศ. 2558 เป้าหมายเพื่อพัฒนาการเรียนการสอนด้านอาชีวศึกษา ด้วยรูปแบบการจัดการเรียนการสอนสมัยใหม่และเทคโนโลยีที่ทันสมัย วิทยาลัยเทคนิคและอาชีวศึกษาเทียนจินโป๋ห่ายและวิทยาลัยเทคนิคและอาชีวศึกษาการรถไฟเทียนจิน โดยมีพิธีเปิด ศูนย์ปฏิบัติการเทคโนโลยีและนวัตกรรมลูบัน ในวันที่ 8 มีนาคม พ.ศ. 2559 ภายหลังจากความร่วมมือที่เกิดขึ้น ส่งผลให้วิทยาลัยฯ ได้รับการส่งเสริมสนับสนุนด้านครุภัณฑ์การเรียนการสอน และทุนการศึกษาให้กับนักศึกษาไทย มีการแลกเปลี่ยนด้านภาษาและวัฒนธรรม ตลอดจนการฝึกอบรมครูและนักเรียนนักศึกษาในด้านวิชาชีพติดต่อกันหลายรุ่น ก่อให้เกิดความสัมพันธ์อันดี และเป็นที่มาของการก่อตั้งศูนย์ปฏิบัติการเทคโนโลยีและนวัตกรรมลูบัน ซึ่งได้รับการสนับสนุนครุภัณฑ์มูลค่ากว่า 128 ล้านบาท และนักเรียนนักศึกษาได้รับทุนการศึกษาไปศึกษา ณ นครเทียนจิน สาธารณรัฐประชาชนจีน จำนวน 6 รุ่น รวม 250 คน ซึ่งนักศึกษาที่ได้รับทุนการศึกษาดังกล่าว ได้รับการดูแลเอาใจใส่เป็นอย่างดี ปัจจุบันนักศึกษาทุน รุ่นที่ 6 ยังไม่สามารถเดินทางไปศึกษาได้ เนื่องจากสถานการณ์การแพร่ระบาดของเชื้อไวรัส COVID-19 หากสถานการณ์เข้าสู่สภาวะปกติ สาธารณรัฐประชาชนจีนพร้อมที่จะให้นักเรียนนักศึกษาเดินทางไปศึกษาต่อได้ ความร่วมมือในอนาคตที่จะเกิดขึ้น วิทยาลัยเทคนิคและอาชีวศึกษาเทียนจินโป๋ห่าย และ วิทยาลัยเทคนิคและอาชีวศึกษาการรถไฟเทียนจิน พร้อมให้การสนับสนุนและส่งเสริมความร่วมมือเพื่อการพัฒนาอาชีวศึกษาไทยให้มีคุณภาพในระดับสากลต่อไป

TALK NEWS

หน้าหลัก ข่าวทอล์คนิวส์ เมืองไทยวันนี้ กระแสโซเชียล พระพุทธศาสนา ดูดวง ประชาสัมพันธ์ ที่นี่มีปัญหา ติดต่อเรา

วิทยาลัยเทคนิคพระนครศรีอยุธยาให้การต้อนรับสถานทูตสหรัฐอเมริกาประจำประเทศไทย ที่เดินทางมาศึกษาดูงานศูนย์ปฏิบัติการเทคโนโลยีและนวัตกรรมลูบัน

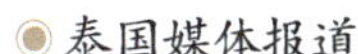

泰国媒体报道

第五篇 — 媒体报道采撷

鲁班工坊
为"一带一路"建设注入教育能量
天津教育报
光明日报
中国首所海外"鲁班工坊"落户泰国
城市·社区
天津日报
人民日报
RENMIN RIBAO
职业教育的"共享"之路
朝闻天下
MORNING NEWS
工程实践创新激发学生兴趣
中国教育报
"鲁班"环游记
TALENTS
求贤
媒体报道/Media Reports
整改
存在

◉ 中国媒体报道

第十六章 / “鲁班”环游记

章引语

在天津渤海学院“电脑鼠走迷宫”国际邀请赛上，来自泰国的尹杰有条不紊地操作着，丝毫没有陌生和紧张。他说：“因为这里的设备、环境和我们学校的鲁班工坊一样。”

尹杰所说的鲁班工坊，是天津渤海学院与泰国大城技术学院合作建立的海外职教基地，也是天津市作为国家现代职业教育改革创新示范区，探索职业教育国际化发展，向世界亮出的一张职业教育新名片。

中国教育报

CHINA EDUCATION DAILY

返回首页 | 广告刊例

2017年05月30日 星期二

下一篇

“鲁班”环游记

——鲁班工坊向世界输出中国职教品牌

本报记者 高靓

■砥砺奋进的五年·教育新实践

近日，在天津渤海职业技术学院“电脑鼠走迷宫”国际邀请赛上，来自泰国的尹杰有条不紊地操作着，丝毫没有陌生和紧张。他说：“因为这里的设备、环境和我们学校的鲁班工坊一样。”

尹杰所说的鲁班工坊，是天津渤海职业技术学院与泰国大城技术学院合作建立的海外职教基地，也是天津市作为国家现代职业教育改革创新示范区，探索职业教育国际化发展，向世界亮出的一张职业教育新名片。

中国不仅有孔子，也有鲁班

说起鲁班工坊的由来，天津市教委副主任吕景泉讲起了故事。他到东南亚国家走访时发现，10多年前风靡一时的中国摩托车几乎全被日本品牌取代。询问之下得知，由于懂得中国摩托车修理技术的人才缺乏，导致中国车的维修服务跟不上。他还发现，在当地很多职业院校里，都开设有日本品牌摩托车的维修专业。

“在‘一带一路’的倡议下，中国企业要加快走出去的步伐，职业教育应全力助推。”吕景泉认为，“培养当地熟悉中国技术、产品、标准的技术技能人才，是助力中国企业走出去的关键。”按照这一理念，天津市职业院校开始了探索。

2016年3月，天津渤海职业技术学院与泰国大城府大城技术学院共同建立的第一家鲁班工坊正式揭牌。

第01版：要闻　下一版

第01版：要闻
第02版：中教评论
第03版：新闻·要闻
第04版：新闻·专题

◉2017《“鲁班”环游记——鲁班工坊向世界输出中国职教品牌》

一、中国不仅有孔子，也有鲁班

说起鲁班工坊的由来，天津市教委副主任吕景泉讲起了故事。他到东南亚国家走访时发现，10多年前风靡一时的中国摩托车几乎全被日本品牌取代。询问之下得知，由于懂得中国摩托车修理技术的人才缺乏，导致中国车的维修服务跟不上。他还发现，在当地很多职业院校里，都开设有日本品牌摩托车的维修专业。

“在‘一带一路’的倡议下，中国企业要加快走出去的步伐，职业教育应全力助推。”吕景泉认为，“培养当地熟悉中国技术、产品、标准的技术技能人才，是助力中国企业走出去的关键。”按照这一理念，天津市职业院校开始了探索。

2016年3月，天津渤海学院与泰国大城府大城技术学院共同建立的第一家鲁班工坊正式揭牌。

“大城技术学院提供场地，中方企业提供实训设备，我们学校提供课程和教学标准。”渤海职业技术学院院长于兰平介绍，“中方教师并不直接给学生上课，而是用我们的标准培训当地教师，再由当地教师教授学生。”

很快，鲁班工坊引起企业关注。把设备卖到印度的大连机床集团主动找上门来，希望在印度设立鲁班工坊。2016年5月，天津轻工职业技术学院、天津机电职业技术学院同印度金奈理工学院签署了职业教育合作意向书，在1 000多平方米的场地上，建立了新能源技术、数控装调、3D打印技术、机器人技术等4个实训区。

“鲁班工坊形式各异，但共同点是定位高，不再停留在师生互访，而是紧紧围绕国家重大战略出牌。”天津第二商业学校校长刘恩丽告诉记者，学校与英国奇切斯特学院合作建立的鲁班工坊，首次把中餐烹饪技术标准纳入英国的职业资格认证体系，在英国开展中餐学历教育。更让人振奋的是，这个资格认证在美国、加拿大等国同样有效，这意味着中餐培训“走出去”有了“中国标准”。

“成熟一所，推出一所。‘十三五’期间，天津计划建立10所鲁班工坊。”吕景泉说，“中国传统文化中不仅有孔子，也有鲁班所代表的技术技能和劳动智慧。鲁班工坊通过学历教育和职业培训等方式，搭建起天津职业教育与世界对话交流的桥梁。”

二、中国职教送出去的，不能是外国模式

“职教合作，你应该去德国，怎么来中国了？”当初，印度金奈理工学院院长考察行程还没开始，就被酒店里一个外国人给上了一课。

虽然是学校之间的合作，但是天津的校长们发现，在对方眼里，常常被泛化为“中国”。有什么理由让别人选择中国？这是开办鲁班工坊必须回答的问题。

吕景泉认为：“职教走出去，不是盲目自大，也不是空凭热情，而是有这些年国家和天津市职教改革发展的积累做支撑。”

据了解，首个建成的泰国鲁班工坊，其整个教学活动均依托“工程实践创新项目（EPIP）”的核心内涵应用进行。在渤海职业技术学院，记者走进升级版的鲁班工坊——工程实践创新项目体验中心，这里的仿生机器人学习体验区、电脑鼠走迷宫学习竞赛区、能力源创新套件实训区、自动化生产线教学区等都被复制到泰国的鲁班工坊。“比如电脑鼠走迷宫，融合了检测技术、人工智能、自动控制等多项专业技术，致力于培养学生的工程思维、工程意识和工程技能。”于兰平说。

“过去，我们往往习惯学习别人，不管谁来都是专家。现在，中国职教走出去，不能再照搬德国模式、日本方法。”吕景泉说，事实上，天津作为国家职业教育改革创新示范区，已经在现代职教教学组织理

念、教学方法、教学内容等方面形成了自己的特色。

在鲁班工坊里，不仅有来自中国的先进实训设备，也有来自中国的课程、教学标准和教学资源。近年来，天津市积极开展职业教育国际化专业教学标准开发试点工作，泰国和印度鲁班工坊的几个专业均采用国际化专业教学标准授课。“以工业机器人专业为例，我们引进世界著名机器人制造企业的认证标准，再结合中国实际，组织专家细化成课程，学生学习之后可获得国际认证。”天津机电职业技术学院院长张维津说。

“大连机床集团的天津区域服务中心就在我们学校，有问题的设备送到学校，作为教学案例，由师生一起维修，企业人员也参与教学。先期来培训的印度教师对这种双师型职业教育很认可。”天津轻工职业技术学院院长戴裕崴告诉记者，“我们学校承担建设的新能源类国家级职业教育专业教学资源库也用在了培训中。”

考察了德国、日本的职业教育后，印度金奈理工学院院长最终又回到了中国。他说：“中国的实训设备不逊于德国，教学理念方法有独到之处，形成了适合发展中国家的经济发展道路和职业教育发展道路。”

三、树立自信，倒逼自己做得更好

在“电脑鼠走迷宫”赛场外，泰国大城府副省长与天津市政府、渤海化工集团相关负责人正在洽谈。“泰国有很多三轮摩托车，我们希望将其改造为新能源车。”泰国鲁班工坊的新能源汽车展示，让大城府副省长有了新想法。

今年2月，泰国政府向吕景泉和天津渤海学院党委书记芮福宏颁发了“诗琳通公主纪念奖章”。“鲁班工坊的辐射效应正在显现。”泰国大城技术学院院长哲仁说，“几乎每周都有其他国家的人来参观。印度尼西亚学生来培训两周，回国参加国家技能大赛获得了一等奖。”

张维津告诉记者，印度的鲁班工坊还没揭牌，合作企业就从4家增加到8家，他们将与鲁班工坊签订订单培养协议，毕业生优先就业。

“别人是跟着企业走出去，我们是带着企业走出去。”刘恩丽说，“天津二商集团的酱油、茶叶、红酒等优质产品都会随着中餐烹饪课程一起带到英国。中餐本身就蕴含着中国传统文化，我们的鲁班工坊还设置了‘津门三绝’的永久展台。”

“我们的职业教育真好到非要去帮助别人了吗？并不是。”对此，吕景泉有着清醒的认识，“建鲁班工坊，一方面是帮助职教树立自信的过程，另一方面也是倒逼自己克服不足，促进职教内涵发展的过程。参与鲁班工坊建设的学校在国际交流合作的过程中，在专业教育改革、师资队伍建设、产教融合深化等方面都取得了突破性发展。”

对此，刘恩丽感受很深。在和英国人打交道的过程中，她体会到英国职业教育的严谨和规范：“800个学时，哪些用于讲理论，哪些用于实践，一旦定下来，绝不能随意更改。这种严谨与质量密不可分。”

“要让接受培训的外国教师达到我们的要求，回国还能按照要求去授课，这比教普通学生难得多。我们的教师要做大量准备，对专业教学水平有极大促进。”戴裕崴说。据了解，天津渤海学院、天津轻工职业技术学院、天津机电职业技术学院都完成了相关专业的国际化专业教学标准和双语教材开发。

第十七章 / 泰国鲁班工坊建设纪实

章引语

泰国鲁班工坊，是世界上第一个鲁班工坊。

2018 年 7 月 20 日，“鲁班工坊铁院中心”在泰国大城技术学院正式揭牌成立。该中心由天津铁道学院建立，是我国在海外建立的第一个高铁类技术技能培养中心，通过开展学历教育与培训、技能大赛与设备研发、师资培养与交流，服务泰国、辐射周边国家铁路建设。

随着该中心的揭牌建立，泰国鲁班工坊三期建设项目也正式启动。作为我国在海外建立的首个鲁班工坊，从 2016 年 3 月 8 日成立至今，泰国鲁班工坊走出了一条坚实的发展之路。顺着这样一条特殊的路线，中国职教、中国标准、中国企业走出国门，走向世界……

搭建天津职教与世界"对话"舞台 ——泰国"鲁班工坊"建设纪实

2018-07-25 17:36

7月20日，"鲁班工坊铁院中心"在泰国大城技术学院正式揭牌成立。该中心由天津铁道职业技术学院建立，是我国在海外建立的第一个高铁类技术技能培养中心，通过开展学历教育与培训、技能大赛与设备研发、师资培养与交流，服务泰国、辐射周边国家铁路建设。

"鲁班工坊"内泰国学生正在进行实训操作

◉ 2018《搭建天津职教与世界"对话"舞台——泰国"鲁班工坊"建设纪实》

一、"鲁班工坊"落户大城

2016 年 3 月 8 日，由天津渤海学院在泰国大城府大城技术学院建立的"鲁班工坊"正式挂牌成立。这是我国在海外设立的首个职业教育领域的“孔子学院”。

走进大城技术学院，鲁班工坊一期项目就设在校园深处的一栋 2 层教学楼里。在这间占地面积为 232 平方米的“教室”内，设有仿生机器人学习体验区、电脑鼠走迷宫学习竞赛区、POWERON 创新套件实训区和自动化生产线教学区四个教学区域。“在这里，无论是学生们使用的教材、实训设备还是教学模式，都来自天津。授课的泰方老师也在天津接受过系统化的培训。可以说，我们在专业建设、标准制定、师资培养、课程开发、教材编写、实训条件等方面，对该鲁班工坊给予了整体解决方案支持。我们要培养的就是泰国当地熟悉中国技术、产品、标准的高端技术技能人才。”天津渤海学院院长于兰平介绍说。

就是在这间 200 多平方米的“教室”内，中国技术走进了大城，又走出了大城，并开始享誉整个泰国，甚至东南亚。

今年 20 岁的 Patima Duenyos 是大城技术学院电气自动化专业的一名学生。出生于工程师世家的他，最大的梦想就是有朝一日自己也能成为一名工程师。两年前，品学兼优的他成为鲁班工坊的首批学员，在这里学习机电一体化专业。“中国的技术和机器设备，要比我之前学过和使用过的都要先进，而且这里的实训条件非常好，我特别珍惜在这里学习的机会。”经过两年的学习，Patima Duenyos 已完成所有学业，在为毕业做着最后的准备。“我马上要去一家发电厂实习了，在鲁班工坊学习的经历让我的就业之路走得更为顺畅，我希望所学都能用到今后的工作中，我也希望自己能够早日梦想成真。”Patima Duenyos 说。

采访中，天津渤海学院副院长申奕告诉记者，成立两年来，鲁班工坊不仅通过了泰国职业教育委员会审评，成为泰国教育行政部门认可的学历教学标准，而且完成了二期建设，面积达到了 1 000 多平方米，并新增了物联网 EPIP 实训区、数控车床实训区、新能源汽车教学实训区、新能源汽车维修区 4 个教学实训区，新增了物联网技术、数控机床、新能源汽车技术 3 个国际化专业。

“在学校，学生们都以能够进入鲁班工坊学习而自豪。”大城技术学院院长哲仁说。同时他告诉记者，之所以会这样，是因为在过去的两年中，鲁班工坊捷报频传。“这两年，我们的学生在泰国全国性的技能大赛中，取得了十分突出的成绩。同时，学生在东盟第 11 届技能大赛‘自动化生产线’赛项获得有史以来的第一个一等奖。鲁班工坊让大城技术学院名声大振，印度尼西亚、马来西亚、柬埔寨等国家的学生纷纷慕名而来，甚至有其他学校的学生通过转学来到大城技术学院，目的就是为了能够进入鲁班工坊学习。现在除了本国学生外，鲁班工坊已培训了上千名邻国学生。”哲仁说。

二、“鲁班工坊铁院中心”揭牌启运

在完成前两期的项目建设后，2018 年 7 月 20 日，泰国鲁班工坊正式进入三期建设中。同时，由天津铁道职业技术学院建立的“铁院中心”正式落户大城技术学院鲁班工坊内。这是我国在海外建立的第一个高铁类技术技能培养中心，通过开展学历教育与培训、技能大赛与设备研发、师资培养与交流，服务泰国、辐射周边国家铁路建设。

据了解，“鲁班工坊铁院中心”位于两层教学楼的整个 2 楼，包括中国高速列车 CRH380B 教学区、空中课堂教学区、中国列车运行控制系统 CTCS 教学区、技能大赛及设备研发区以及高铁运营（沙盘）教学区。“该中心将致力于培养更多熟悉高铁技术、产品、标准的国际型技术技能人才，并逐步形成覆盖泰国全境、辐射东南亚国家的高铁类专业教育网络。”天津铁道职业技术学院院长于忠武说。

走进中国高速列车 CRH380B 教学区，可以看到 CRH380B 模拟操纵培训系统、高铁受电弓模型、动车组模型以及 CRH2 型动车组动力转向架模型等教学设备。“CRH380B 模拟驾驶仿真演练系统的操作台等设备，是按照中国高铁实际运行设备的 1∶1 比例制造的。可满足（高铁）动车组检修技术专业动车组检查试验、行车安全装备使用训练、一次出乘作业标准化训练、应急故障处理模拟训练及非正常行车组织训练等教学需求。”于忠武介绍说。

而在空中课堂教学区，交互白板系统和视频会议系统都已经安装完毕，这是国内目前最先进的信息化教学设备之一。“其中交互白板一体机为 153 英寸，包含红外电子白板、智能中控、电脑主机、功放、音箱、高拍仪等功能模块，采用红外线感应触摸技术，支持 10 点触控，方便教师使用。空中课堂教学区可满足两地教学场景实时互联，实时直播教师的视频、语音、课件、板书等，实现双方同步教学。”铁道职业技术学院副院长赵学术说。

按照规划，今年 9 月底，该中心将建成（高铁）动车组检修技术、（高铁）铁道信号自动控制两个专业，以及中国高速列车 CRH380B 教学区、中国列车运行控制系统 CTCS 教学区、空中课堂教学区，10 月开始招生。未来还将规划建设（高铁）铁道交通运营管理、（高铁）铁道工程技术两个专业，技能大赛及设备研发区、高铁运营（沙盘）教学区、高铁线路维修与养护教学区（室外）。

“作为共建‘一带一路’、开展产能合作的旗舰项目，正在施工中的中泰铁路建设对于促进东南亚沿线国家的经济可持续发展影响深远。高铁的建设和运营需要大量人才，‘鲁班工坊铁院中心’的建立，将直接服务中泰铁路建设项目，正可谓恰逢其时。相信它也将为促进泰国及东南亚高铁技术及产业发展，促成中国与东南亚国家之间的铁路网络提供积极的帮助。”中国驻泰国大使馆教育组负责人宋若云说。

同时，随着铁院中心的揭牌成立，泰国鲁班工坊的占地面积从最开始的 232 平方米发展到现在的整幢两层教学楼 2 000 多平方米，三期建设又新增了（高铁）动车组检修技术和（高铁）铁道信号自动控制两个国际化专业。以“鲁班工坊铁院中心”为平台，天津铁道职业技术学院与泰国大城技术学院、班派工业与社区教育学院等 8 所泰国院校共同组建“中泰高铁职业教育联盟”。“目前，泰国鲁班工坊已成为周边职业院校，甚至是邻国职业教育的资源中心。”大城技术学院院长哲仁说。

三、搭建与世界“对话”舞台

就在“鲁班工坊铁院中心”揭牌成立的这几天，天津圣纳科技有限公司总经理魏所库冒着酷暑，奔走在大城的街道上，走访出租车司机，进行市场调研，“今年 10 月，我们公司生产的第一批电动汽车将进入大城出租车市场，这也是大城的第一批新能源汽车。未来，我们天津的新能源汽车有望取代大城甚至是泰国的传统出租车。”魏所库说。

天津圣纳科技有限公司此次与大城的“联姻”，正是得益于鲁班工坊的“牵线”。去年，鲁班工坊进入二期建设时新增了新能源汽车国际专业，并设立了新能源汽车教学实训区。而该专业的教学标准以及实训标准都是由天津圣纳科技有限公司与渤海职业学院共同开发完成的。随着泰国当地对圣纳科技技术的逐步了解与肯定，最终圣纳科技成为泰国大城新能源汽车改造指定商。

其实，这两年来，通过鲁班工坊走出去的中国企业还有很多。天津渤海化工集团有限责任公司所属“七二九”乒乓球体育器材开发有限公司将国球装备整体输出与泰国分享，成为泰国国赛用品；承接了空中课堂项目的东方亨瑞科技发展有限公司，注册了国际品牌 MAXHUB，目前已进入泰国市场；圣纳科技、启诚伟业等公司与泰国、越南的职业院校签订科技服务、工程实践创新项目协议……

鲁班工坊通过采取职业培训、学历教育等多种方式，在输入地开展职业教育和技术技能培养培训，有力地促进了我国企业的服务和产品输出，提升了中国企业在国际上的竞争力。可以说，在整个鲁班工坊建设中，中国企业一直参与其中。“鲁班工坊的成立，不仅为海外职业院校带去了先进的专业教学标准、教学装备、教育理念、教育模式，也把中国技术与中国企业推向了世界的舞台。”天津市教委副主任吕景泉说。

这一次，伴随中国高铁技术走出去的还有天津骥腾科技有限公司。在“鲁班工坊铁院中心”，CRH380B 型高铁模拟驾驶仿真系统、CTCS 仿真演练系统、行车组织模拟沙盘等设备均由天津骥腾科技提供，而且新增的两个专业，也是由该公司配合天津铁道职业技术学院、大城技术学院共同开发建设的。“我们把中国最先进的高铁技术带到了泰国，希望可以服务泰国及其周边的产业发展。通过鲁班工坊，世界也可以更加了解骥腾科技，了解中国技术，了解中国企业的风采。”天津骥腾科技有限公司总经理崔鹏说。

泰国鲁班工坊是我国在海外建立的第一个“鲁班工坊”。“它的成立，标志着天津市作为国家现代职业教育改革创新示范区，围绕‘一带一路’倡议，配合中国装备‘走出去’和国际产能合作，正式启动把自己的优秀职业教育成果输出国门与世界分享的计划，并搭建起天津职业教育与世界对话、交流的实体舞台。同时，更标志着天津职业教育的国际化发展已经开启从中低水平国际交流合作迈向中高水平国际交流合作的发展新阶段。”吕景泉说。

第十八章 / 当好职教改革“领头羊”

章引语

“构建现代职教新体系，天津职教既要做‘拓荒牛’，也要当‘千里马’，更要当‘领头羊’，在全国职教改革发展中起到引领和示范作用。”谈起职业教育，天津市教委副主任吕景泉掩饰不住自豪之情。

吕景泉之所以有这个底气，是因为天津职教一直“领跑”全国，职业教育始终是天津一道亮丽的风景线——

从新中国成立之初的“半工半读”技术教育，到21世纪初“产教融合、工学并举”的职业教育“天津模式”；从2008年被确定为全国职业院校技能大赛永久举办地，到目前唯一的“国家现代职业教育改革创新示范区”；从服务“京津冀协同发展”，到创办“鲁班工坊”推进职业教育国际化；从深化职教办学机制改革的“五业联动”，到构建“中高本硕”贯通培养的现代职教新体系……

天津职业教育何以能取得如此成就？日前，中国教育报记者走进天津一探究竟。

中国教育报
CHINA EDUCATION DAILY
返回首页 | 广告刊

2017年08月19日 星期六

下一篇

创办“鲁班工坊”，推进职业教育国际化

今年5月，在天津渤海职业技术学院主办的“电脑鼠走迷宫”国际邀请赛上，来自泰国的尹杰熟练地操作着“电脑鼠”。他说：“这里的设备、环境和我们学校的‘鲁班工坊’一样。”

提及“鲁班工坊”，天津渤海职院院长于兰平非常自豪。早在2016年3月，天津渤海职院就与泰国大城府大城技术学院共同建立了第一家“鲁班工坊”。

“大城技术学院提供场地，中方企业提供实训设备，我们学校提供课程和教学标准。”于兰平说，“中方教师并不直接给学生上课，而是用我们的标准培训当地教师，再由当地教师教授学生。”

“在‘一带一路’倡议下，中国企业正加快走出去的步伐，职业教育应发挥作用。”吕景泉说，“培养当地熟悉中国技术、产品、标准的技术技能人才，是助力中国企业走出去的关键。”

按照这一理念，天津市职业院校开始了积极的探索。目前，泰国“鲁班工坊”培训规模已达到千余人次，不仅向泰国当地学生提供了高质量的职业教育，周边国家的学生也慕名前往求学，中国职业教育的国际影响力由此不断拓展。

今年2月3日，作为“鲁班工坊”的设计和建设者，吕景泉和天津渤海职院党委书记芮福宏，被泰国公主诗琳通授予“诗琳通公主纪念奖章”。今年5月18日，天津市第二商业学校和英国奇切斯特学院合作建立的“鲁班工坊”正式揭牌运行，这是“鲁班工坊”首次落地欧洲国家。

目前在建的印度“鲁班工坊”以新能源汽车等新兴产业技术为主，印尼“鲁班工坊”重点为汽车维修，巴基斯坦“鲁班工坊”着力打造能源电力品牌。此外，柬埔寨、非洲等地的“鲁班工坊”也正在紧锣密鼓地建设中。

天津建设的“鲁班工坊”，把优秀职业教育成果输出国门与世界分享，成为“一带一路”上的技术“驿站”。如今，“鲁班工坊”已成为天

第01版：要闻 下一版

第01版：要闻
第02版：新闻·要闻
第03版：体育·健康
第04版：神州看教育·天津篇

◉ 2017《天津：当好职教改革“领头羊”》

一、创新“五业联动”，形成职教发展多元合力

“声音落、文稿出”，蒙着双眼，边听广播边敲打键盘记录，全国各地速录高手“指尖对决”看得人目瞪口呆，这场景出现在今年全国职业院校技能大赛期间，天津职业大学承办的“文秘速录专业技能”赛项的比赛现场。

迄今已举办十届的全国职业院校技能大赛，已成为我国职教改革的“风向标”。

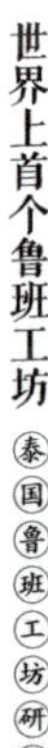

十年大赛，极大促进了我国职业教育的发展。“作为大赛永久举办地，天津的职业教育受益颇丰。一方面，大赛直接促成海河教育园区的建成；另一方面，大赛也聚集了许多优质职教资源，使天津职教始终处于‘领跑’者的位置。”吕景泉说。

凭借这些优势，天津职教瞄准“中国制造2025”，延续“产教融合、工学并举”的改革成果，发挥行业企业办学的突出优势，探索形成了产业、行业、企业、职业、专业“五业联动”的发展新模式。

懂理论，又能在现场指导并解决问题的一线现场工程师，是企业和行业急需的人才。这样的人才如何得来？天津以在实践中不断深化的职业教育办学模式改革，很好地回答了这个问题。

一个根植于产业发展，服务行业、企业需求，对接职业岗位，落地于专业建设的产业、行业、企业、职业和专业“五业联动”职业教育办学新模式，在天津职业教育体系中悄然生发。

天津市探索形成的“政、行、企、校、研”五方携手职教发展新机制是这种办学新模式强有力的后盾。“这个新机制就是强调政府主导、统筹，行业企业参与、指导、评价，职业院校培养，研究机构支撑、服务，五方权责清晰、定位明确，形成共同体。”吕景泉说。

在实践中，天津市通过强化职业教育联席会议机制，推动由行业集团牵头的19个职业教育集团发展，调动各方参与职业教育的积极性和主动性，从根本上破解了多元主体合作办学的难题。

“五业联动”新发展模式，让职业院校办学如鱼得水，也催生出一批新项目、新现象。如对接空客A320、大推力火箭等一批大项目，建设一批如“大飞机”“大火箭”订单班，启动优质专业群对接优势产业群试点工作等。

天津职业教育依据产业行业发展，将职业岗位的新要求快速转化为专业发展目标，将新工艺、新技术和新方法快速转化为教学内容。“五业联动”打通天津职业院校改革发展思路，贯通“政、行、企、校、研”，五方携手形成天津职教发展的合力。

二、贯通“中高本硕”，构建现代职教新体系

“我从未想过有一天中职生也可以直接报考本科院校，甚至还能考硕士、博士。”天津市南开区职业中专学生郑钧鸿在天津中德应用技术大学举办的“春季高考”招生咨询现场得知，今后中职、技校或职业高中的学生都将有机会在中德应用技术大学实现读本科的愿望时兴奋不已。

2016 年 5 月 16 日，天津中德应用技术大学在天津海河教育园区挂牌成立，全国首所由高职院校升级为应用技术教育本科院校的高校由此诞生。

该校校长张兴会介绍，中德职业技术学院更名为中德应用技术大学，就是要贯通“中高本硕”，实现技术技能人才成长的有效衔接，让每个专业都能对接一个甚至一批产业。

何谓“中高本硕”有效衔接？就是在职业教育体系中，搭建本科层次学习平台，打通从中职、高职到本科层次、专业型硕士的技术技能人才培养渠道。四层衔接、分段培养能够实现人才培养的充分协调。那么，到底该如何衔接？

“无疑，课程的有效衔接是四层贯通的接入点。”中德应用技术大学校企办处处长周泓说，“应用技术本科高校作为一个新生事物，会通过对教学大纲及课程内容的不断探索和调整，促进各阶段教育完美衔接。”

以高职与本科衔接为例，为增强学生动手能力，该校“订单班”实训课课时由 2 700 余课时增加到 5 000 余课时，理论课则要求比同类高职深，但可以不像普通本科那么广。应用型本科专业理论课程设置上更注重技术理论，而非传统学科理论体系。在专业基础技术技能教学上则采用项目制，通过训练载体或项目分离理论课和实践，围绕其做有效的教学设计。

近年来，天津不断深化办学体制改革，努力构建现代职业教育新体系，一批“中高本硕”衔接新体制应运而生。如“3+3 中高衔接培养”“3+4 中本系统培养”“3+2 高本衔接培养”“3+4 高硕系统培养”以及“专业硕士联合培养”等。

截至 2016 年底，天津市已有 5 所高职院校和 5 所中职示范校开办了 15 个系统化培养试点专业，7 所职业院校与 6 所本科院校开展了 12 个联合培养技术应用型、高端技术技能型人才培养试点。

“中高本硕”有效衔接，让职业教育与普通教育不再“分道扬镳”。

三、创办“鲁班工坊”，推进职业教育国际化

2017 年 5 月，在天津渤海学院主办的“电脑鼠走迷宫”国际邀请

赛上，来自泰国的尹杰熟练地操作着“电脑鼠”。他说：“这里的设备、环境和我们学校的鲁班工坊一样。”

提及“鲁班工坊”，天津渤海职院院长于兰平非常自豪。早在2016年3月，天津渤海职院就与泰国大城府大城技术学院共同建立了第一家鲁班工坊。

“大城技术学院提供场地，中方企业提供实训设备，我们学校提供课程和教学标准。”于兰平说，“中方教师并不直接给学生上课，而是用我们的标准培训当地教师，再由当地教师教授学生。”

“在‘一带一路’倡议下，中国企业正加快走出去的步伐，职业教育应发挥作用。”吕景泉说，“培养当地熟悉中国技术、产品、标准的技术技能人才，是助力中国企业走出去的关键。”

按照这一理念，天津市职业院校开始了积极的探索。目前，泰国鲁班工坊培训规模已达到千余人次，不仅向泰国当地学生提供了高质量的职业教育，周边国家的学生也慕名前往求学，中国职业教育的国际影响力由此不断拓展。

2017年2月3日，作为鲁班工坊的设计和建设者，吕景泉和天津渤海职院党委书记芮福宏，被泰国公主诗琳通授予“诗琳通公主纪念奖章”。同年5月18日，天津市第二商业学校和英国奇切斯特学院合作建立的“鲁班工坊”正式揭牌运行，这是“鲁班工坊”首次落地欧洲国家。

目前在建的印度鲁班工坊以新能源汽车等新兴产业技术为主，印尼鲁班工坊重点为汽车维修，巴基斯坦鲁班工坊着力打造能源电力品牌。此外，柬埔寨、非洲等地的鲁班工坊也正在紧锣密鼓地建设中。

天津建设的鲁班工坊，把优秀职业教育成果输出国门与世界分享，成为“一带一路”上的技术“驿站”。如今，“鲁班工坊”已成为天津职业教育向世界亮出的一张新名片。

四、实施“精准帮扶”，坚守教育的社会责任

利用职教资源开展精准扶贫，也是天津职业教育的亮点之一。

2016 年 5 月，“国家中西部地区职业教育师资培训中心”在天津机电职院正式挂牌。一个多月后，中心就迎来了“黄埔一期”学员——来自鄂尔多斯市职业院校的 170 多名骨干教师在这里接受集中培训。

“这个中心的成立，将有助于提升中西部地区职业院校师资和管理队伍能力水平。”吕景泉说，“天津市将集中资金和资源，精准帮扶中西部地区发展职业教育，这也是我们应当承担的社会责任。”

全面脱贫攻坚阶段，中西部地区的基础硬件设施基本得到完善，但能有效利用这些基础设施的人才却严重不足，形成了“木桶效应”。在精准扶贫工作中，天津职业教育将这种挑战变为机遇。

谈起在天津交通职院当学生的日子，西藏昌都职院教师刘明洋至今仍很兴奋。“专业课程的教学都是一对一指导，理论实践结合、虚实结合讲解汽车检测与维修专业知识，让我们受益良多。”刘明洋说。

解决“木桶效应”，补足短板最重要。不仅要让刘明洋们来天津职校挂职学习，而且要派天津的教师到中西部职校“传经送宝”。

天津交通职院的专业课教师史懂深刚完成在昌都职院两个月的教学任务回到天津后不久，就又同学校教师田倩倩返回昌都，他要确保昌都市职业技术学院教学工作及时衔接。

“作为首批派驻昌都的专业课教师，我们要承担 4 门专业课程，每周人均 14 课时。”到校后，史懂深认识到，参与所帮扶学校的发展规划制定、专业建设、课程设置等工作，帮扶才能更精准。

经过实践的检验，“双向挂职全覆盖”职教扶贫策略在津门落地生根。

此外，面向中西部地区构建区域系统援建、品牌整体输出、专业结对共建、师资轮岗培训及学生定制培养的职教扶贫“五模式”也在天津得到推广。

随着时间的推移，天津职教扶贫帮扶模式的“菜单”还将持续更新。

第十九章 / 首个鲁班工坊海外行

章引语

泰国鲁班工坊是天津渤海职业技术学院和泰国大城技术学院合作创建的我国境外第一所鲁班工坊，2016 年 3 月 8 日揭牌启运，随后天津铁道职业技术学院加盟，共同完成了三期建设。泰国鲁班工坊揭牌启运以来，在技术技能人才培养培训、国际专业教学资源开发、国际产教合作协同育人、中外人文交流培训、国际技能赛项资源开发、国际产教融合校企合作、中泰师生交流互访、增进中泰两国人民友谊等多方面做出了卓越贡献，呈现了与众不同的特色，取得了令人瞩目的成就。

中国日报 CHINADAILY.COM.CN 中文网 天津 > 本网专稿

首个鲁班工坊海外行

来源：中国日报网 2021-05-28 21:56 分享   

泰国鲁班工坊是天津渤海职业技术学院和泰国大城技术学院合作创建的我国境外第一所鲁班工坊,2016年3月8日揭牌启运,随后天津铁道职业技术学院加盟,共同完成了三期建设。泰国鲁班工坊揭牌启运以来,在技术技能人才培养培训、国际专业教学资源开发、国际产教合作协同育人、中外人文交流培训、国际技能赛项资源开发、国际产教融合校企合作、中泰师生交流互访、增进中泰两国人民友谊等多方面做出了卓越贡献,呈现了与众不同的特色,取得了令人瞩目的成就。

泰国鲁班工坊作为在泰国实施学历教育和技术培训的教育机构,是中国职业教育国际合作的新支点,是"一带一路"上的技术技能驿站,是推动中国优质产品技术向泰国输出的桥头堡。五年来,鲁班工坊始终坚持新发展理念,创新是鲁班工坊的动力源泉,协调让鲁班工坊迸发活力,绿色是鲁班工坊的责任所在,开放是鲁班工坊的鲜明底色,共享让鲁班工坊行至必远。

◉ 2021《首个鲁班工坊海外行》

泰国鲁班工坊作为在泰国实施学历教育和技术培训的教育机构，是中国职业教育国际合作的新支点，是“一带一路”上的技术技能驿站，是推动中国优质产品技术向泰国输出的桥头堡。五年来，鲁班工坊始终坚持新发展理念，创新是鲁班工坊的动力源泉，协调让鲁班工坊迸发活力，绿色是鲁班工坊的责任所在，开放是鲁班工坊的鲜明底色，共享让鲁班工坊行必致远。

这五年，是泰国鲁班工坊创新发展的五年。泰国鲁班工坊作为中国境外第一家鲁班工坊，在建设初期就重视对“鲁班工坊”的定位、性质、功能、标准、标识、制度等的研究，代表鲁班工坊研推中心形成了文本制度体系，为后续可复制、可推广、可持续提供样本。泰国鲁班工坊创新人才培养模式，6 个国际专业全部通过泰国职业教育委员会审评，成为泰国教育行政主管部门认可的学历教学标准，被纳入泰国国民教育体系，为泰国技术技能人才培养提供了中国方案。主持的项目“开发国际化专业教学标准，创设‘鲁班工坊’ 职业教育国际合作的研究与实践”荣获职业教育国家级教学成果奖一等奖，“中泰职业教育研究与探索”荣获 2018 年职业教育天津市教学成果奖一等奖。

这五年，是泰国鲁班工坊协调发展的五年。中泰双方建立了相互信任的沟通机制，每周一个电话，每月通报信息，一季度开展一次远程交往活动，半年开展一次学生技能竞赛项目。“鲁班工坊”得到了中泰两国师生的热烈欢迎，两校对等互派优秀师生组成“百人团”“百日行”互培交流，已经形成惯例。通过青年交往，和泰国还联合培养留学生 200 多名，培训泰国院校教师近百人次。

这五年，是泰国鲁班工坊绿色发展的五年。共谋全球生态文明建设是构建人类命运共同体的应有之义。泰国鲁班工坊为生态文明建设贡献了职教力量，在泰国鲁班工坊的发展定位和建设思路上，我们始终坚持绿色发展理念，开设了机电一体化、新能源汽车、物联网技术等绿色环保产业相关的专业，天津圣纳科技有限公司研发的新能源汽车作为鲁班工坊的标准配置，走出国门，该企业成为泰国大城的新能源汽车改造指定商，促进了泰国大城的绿色产业发展。绿色健康装备“729”入驻了泰国鲁班工坊，联合建设“729 文化体验中心”。

这五年，是泰国鲁班工坊开放发展的五年。泰国鲁班工坊紧贴泰国经济社会发展技能人才需求，为服务中泰高铁建设项目，天津铁道职业技术学院在泰国鲁班工坊建成铁院中心，形成了“一坊两中心”的建设模式。泰国鲁班工坊面向泰国和周边国家开放，共接待了泰国 50 余所职业院校 7 500 多名师生，马来西亚、越南、新加坡等国的 109 名学生学习培训，8 人次在东盟大赛上获奖，扩大了海外影响力。我们还开发了“鲁班锁”国际技能大赛，连续 4 年举办了 IEEE 电脑鼠走迷宫国际邀请赛暨世界 APEC 电脑鼠大赛中国选拔赛，还打造 EPIP 国际教育联盟、EPIP 教学研究中心（泰国）、中泰职业教育研究中心三大高端平台，举办国际论坛、国际会议 7 场。

这五年，是泰国鲁班工坊共享发展的五年。坚持共研、共建、共享、共用、共赢的“五共”机制，共享天津职业教育优质资源，开展学历教育和技能培训，为泰国经济社会发展培养技术技能人才，学生就业率达 100%。我们依据“优质优先、强能重技”建设原则，为泰国鲁班工坊遴选教学仪器装备，建设了 14 个实习实训区。专门为泰国鲁班工坊编印教材 26 本，制作信息化教学资源课件 232 个，视频资源 500 多分钟，训练题库 16 套涉及 16 000 套训练题。

五年来，鲁班工坊内生动力不断增强。从建设初期的 232 平方米发展为 2 000 平方米，从 4 个教学实践区发展为 14 个教学实践区，从 1 个专业发展到 6 个专业，泰国鲁班工坊的内生增长动力依然可期，可持续发展势头依然强劲。下一个五年，我们将立足新发展阶段，贯彻新发展理念，构建新发展格局，面向未来，携手合作，共同谱写泰国鲁班工坊高质量发展新篇章。

◉ 泰国鲁班工坊建设五周年纪念大会

第六篇

鲁班工坊思考

篇引语

鲁班工坊是一个品牌，品牌是有“要义”、有“框范”的。

鲁班工坊是一个中国职业教育的国际品牌，品牌“要义”必然是“中国的”职教理论、教学模式、培养标准、装备资源的国际化。品牌的生命在质量。鲁班工坊，是重大国家行动。鲁班工坊，关乎中国职业教育的国际形象，也关乎国家战略实施的成效。优质优先，作为五个建设原则之一，不仅是遴选境外合作伙伴的要求，也是选择国内项目建设单位的要求，更是中外双方对鲁班工坊核心要义的理解、认同的要求。鲁班工坊品牌内涵与核心要义，需要科学化尊重、职业化维护、专业化实施，需要守“正”，以尊重的态度对待，以谦和的心态看待，在守正中完善，在传承中创新。

我们有时不够珍视老字号，这是我们以前所处的发展阶段特征决定的；我们有时不够珍视新品牌，这是不符合新时代“尊重知识、尊重劳动、尊重创造”要求的！我们应该努力确保每一个鲁班工坊都能够“健康生活，长命百岁”。

泰国留学生们

鲁班工坊核心要义的静态“金字塔”构型

实践				认知	实践				认知
产教融合	印尼工坊	论文3	原则4		全球项目	全球20个工坊	论文10	全局策略	
产教融合	印度工坊	论文3	原则4		欧洲项目	欧洲3个工坊	论文9	欧洲策略	
产教融合	英国工坊	论文3	原则4		亚洲项目	亚洲5个工坊	论文8	亚洲策略	
因地制宜	泰国工坊	论文2	原则5		上合项目	上合国家工坊	论文7	上合策略	
强能重技	泰国工坊	论文2	原则3		非洲项目	非洲11个工坊	论文6	非洲策略	
优质优先	泰国工坊	论文2	原则2		教学资源	前8个工坊	论文5	内涵4	
平等合作	泰国工坊	论文2	原则1		师资培训	前8个工坊	论文5	内涵4	
校际合作	泰国工坊	论文2	路径1		国赛装备	前8个工坊	论文5	内涵3	
教学模式	泰国工坊	论文2	内涵1		专业标准	前8个工坊	论文5	内涵2	
职业培训	泰国工坊	论文2	功能2		打造品牌	葡萄牙工坊	论文4	品牌1	
学历教育	泰国工坊	论文2	功能1		政府间合作	柬埔寨工坊	论文4	路径3	
职业培训	职教示范区	论文1	功能2		打造品牌	柬埔寨工坊	论文4	品牌1	
学历教育	职教示范区	论文1	功能1		打造品牌	巴基斯坦工坊	论文4	品牌1	
教学资源	职教示范区	论文1	内涵4		校企合作	印尼工坊	论文3	路径2	

◎ 鲁班工坊项目发展与理论认知的动态“双螺旋”构型

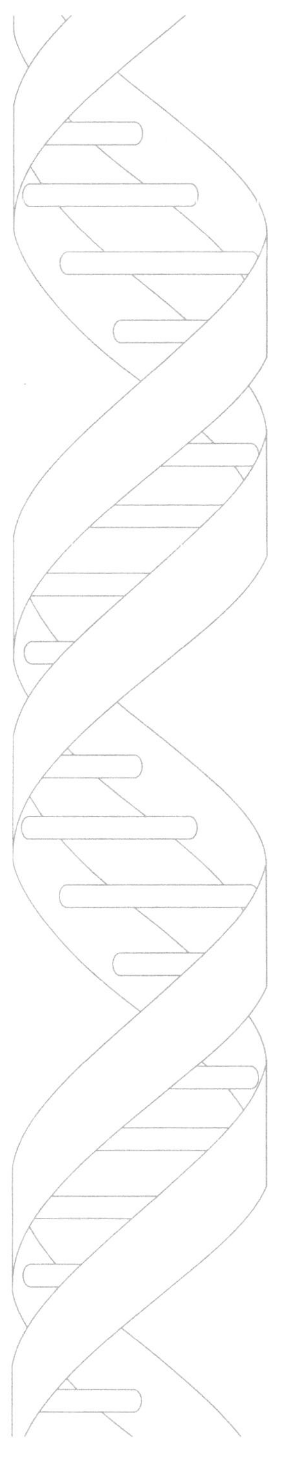

图中所出现的10篇论文按编号分别是：

1.《“五大理念”引领国家现代职业教育改革创新示范区发展》（2016）
2.《“鲁班工坊”——职业教育国际化发展的新支点》（2017）
3.《服务“一带一路”，职业教育的新作为——“鲁班工坊”》（2018）
4.《鲁班工坊——中国职业教育国际知名品牌》（2019）
5.《鲁班工坊的核心内涵——中国职业教育的国际品牌》（2020）
6.《非洲鲁班工坊项目建设、发展策略及管理政策研究》（2021）
7.《鲁班工坊建设值得关注的“几个问题”》（2021）
8.《亚洲鲁班工坊项目建设、品牌创建及推广应用研究》（2021）
9.《欧洲鲁班工坊项目建设、品牌创建及推广应用研究》（2021）
10.《鲁班工坊溯源，国际品牌创成，内涵要义构建，发展策略研究》（2021）

品牌、功能、路径、内涵和原则按其编号分别代表鲁班工坊核心要义金字塔构型中每一层自左至右的每一个具体内容，比如“内涵1”就代表鲁班工坊的教学模式“工程实践创新项目EPIP”，“原则2”就代表鲁班工坊的建设原则“优质优先”，依此类推。

2022 年 10 月 19 日，泰国鲁班工坊建设发展研讨会召开

第二十章 / 鲁班工坊的核心要义构型与特征

章引语

鲁班工坊首创者与建设团队将鲁班工坊核心要义凝练为“12345”，即：一块品牌，两种功能，三条路径，四个内涵，五项原则。

具体来说，“一块品牌”是指鲁班工坊是中国职业教育的国际品牌，其核心目标是培养适应合作国当地经济社会发展需要的技术技能人才；“两种功能”是指在合作国当地开展培养技术技能人才的学历教育和专业培训；“三条路径”是指鲁班工坊的建设主要依托国际化的校际合作、国际化的校企合作以及学校政府间的项目合作，或者是三种路径的相互融合；“四个内涵”是指鲁班工坊的教学模式、基本依据、主要载体和必要保障，即工程实践创新项目（EPIP）教学模式、国际化专业教学标准、全国职业院校技能大赛赛项装备、师资培训先行和教学资源开发；“五项原则”是指鲁班工坊建设要根据“平等合作、优质优先、强能重技、产教融合、因地制宜”的原则实施。

一、核心要义的静态构型

从形态上看，鲁班工坊核心要义的内容建立了一种金字塔状的静态构型。

处于金字塔构型第一层（底层）的是建设鲁班工坊的五项原则，是经过实践检验验证并完善发展而来的理论贡献，事关鲁班工坊建设中合作主体的相互认同与责任共担、品牌本质与质量保障、项目定位与装备选配、人才培养与目标服务、标准规范与实际诉求，是在项目建设伊始就要执行并且应贯穿鲁班工坊建设运营全过程的行动准则，是核心要义的基础要素。

处于金字塔构型第二层的是鲁班工坊的四个内涵，这是鲁班工坊建设的具化内容，系统说明了鲁班工坊在境外办学过程中对于教学模式、专业标准、教学设施、师资队伍和教学资源等核心教育要素的建设内容，是鲁班工坊核心要义的主旨内涵，也是创设中国职业教育国际话语体系关键所在，体现了鲁班工坊品牌内涵的要旨和要求。

处于金字塔构型第三层的是鲁班工坊项目开发与合作的三条基本路径，这三条路径所包含的政府、行业、企业、学校与研究机构之间的国际化互信合作是鲁班工坊共研、共建、共享、共用、共赢“五共”机制的必要条件，是实现鲁班工坊两大本土育人功能而创设品牌的必由之路。三条路径可以相协相助，关键是中外双方合作院校要扮演项目建设主体。

处于金字塔构型第四层的是鲁班工坊建设与运营所要最终实现的两种功能，是鲁班工坊作为一个教育机构所提供的教育产品在学习认证和学习性质方面的规定，也是鲁班工坊作为一个教育实体能够向当地经济社会发展所提供的教育产出的类型，即经过系统专业教育获得学历证书的毕业生和经过专门培训获得专门技能的技术人才，这是鲁班工坊在境外落地的目标意义所在。

处于金字塔构型顶端（顶层）的是前四层所指导的建设行动、内容、路径所实现功能的最终目的指向所在，也就是通过培养适应合作国当地经济社会发展所需的技术技能人才而创设中国职业教育国际品牌。

这种金字塔构型除了具有核心要义内容的空间排列属性外，还有核心要义行动的时间继起属性。在时间方面，沿着核心要义静态构型逐层而上，实际上正是鲁班工坊“意向决策—项目开发—落地运行—实现功能—树立品牌”的建设与发展的时间路径。沿着这条路径，鲁班工坊从合作初期确定合作原则、发展策略和遴选伙伴，到把中国职业教育创新发展的优秀成果开发成国际合作项目，进而依托合作方式确定的合作路径开展境外办学，从而发挥学历教育和专业培训两种功能，最终实现为当地培养技术技能人才的核心目标并打造职业教育国际合作的品牌。如此，核心要义的静态构型在空间与时间两方面诠释了鲁班工坊的建设要求。

鲁班工坊核心要义的金字塔构型蕴含了一条构建中国职业教育话语体系的线索。从核心要义的内容空间考察，五项原则从总体上确定了合作各方在鲁班工坊建设与运营中的角色地位以及合作的方向、重点、方式与机制等，这种制度设计下各方合作的前提和基础就是对于中国职业教育创新发展的认同。在五项原则基础上，中方院校将中国职业教育创新发展的优秀成果，也就是核心要义的四个主旨内涵，提供出来与合作伙伴分享互鉴，而作为合作基础的工程实践创新项目（EPIP）教学模式、国际化专业教学标准、优质赛项装备、师资培训和教学资源这些主旨内涵无不是以中国话语表述并以此为基础进行项目开发的，这些主旨内涵开发的过程本身就是中国职业教育话语体系在境外落地生根的实践。至于通过院校、企业和政府之间的国际合作确定鲁班工坊境外办学的方式和路径，则是共同建设了一个话语体系的传播媒介或建设机制。在国际化校际合作、国际化校企合作和校府间项目合作的机制下，鲁班工坊作为一个以中国职业教育国际话语体系打造的平台，向当地提供的学历教育和技术培训等教育产品也必然是具有话语体系特性的，因而培养出来的人才在熟悉中国技术、了解中国工艺、认知中国产品方面具有先天优势。在国际产能合作和全球化背景下，鲁班工坊与世界分享中国职业教育优秀方案，服务当地经济社会发展与国际合作，所形成的国际合作品牌必然凝结着中国职业教育话语体系的“核”。

二、核心要义的动态构型

知行合一是鲁班工坊核心要义在形成与发展过程中呈现出来的特征与属性。

鲁班工坊萌动于国家职业教育改革试验区建设，发端于国家职业教育改革创新示范区建设，起步于国家现代职业教育改革创新示范区建设，成熟于服务世界职业技术教育交流、促进国际产能合作，定型于促进合作国能力建设、改善民生福祉，服务“一带一路”的重大国家行动。其核心要义并非一蹴而就，而是首创者与建设团队在泰国、英国、印度、印度尼西亚、巴基斯坦、柬埔寨、葡萄牙、吉布提等8个鲁班工坊的建设与运营实践探索中不断进行经验总结和理论创新而逐渐成型的，并且在后续埃及、肯尼亚、埃塞俄比亚、保加利亚等12个鲁班工坊的建成和其他鲁班工坊的筹建中得到验证、完善和发展，具有动态的发展属性，是对于鲁班工坊的认知和实践在动态发展过程中辩证统一的结果。

2015 年 9 月，鲁班工坊建设团队在“国家现代职业教育改革创新示范区”国际化进程中开始谋划与设计鲁班工坊出海方案；2016 年 3 月至 2018 年 9 月，5 个鲁班工坊在泰国、英国、印度、印度尼西亚和巴基斯坦建成，完成了鲁班工坊建设项目从务虚走向务实，从设计走向实施，从推演走向实战的实验探索，鲁班工坊的定位、目标、内涵、路径和模式等建设与运营的解决方案逐渐成型成熟，并集大成于鲁班工坊核心要义；2018 年 9 月到 2021 年 9 月，随着柬埔寨、葡萄牙鲁班工坊和非洲一批鲁班工坊的建成及运营，建设团队在坚持与运用鲁班工坊核心要义的基础上着重开展了对鲁班工坊空间布局、专业布局、区域发展协同等方面的研究，核心要义的运用在实践中得到充分验证和发展；2021 年 9 月开始，鲁班工坊进入发展新征程，上海合作组织国家、非洲国家和东盟国家成为鲁班工坊建设与发展的重点目标区域，鲁班工坊的发展战略与核心要义的运用策略满足了理论指导实践与引领创新的需求。回顾鲁班工坊品牌建设与创成的进程以及核心要义的形成与运用过程可以发现，鲁班工坊的创成与核心要义的形成二者是相辅相成的，鲁班工坊从建设摸索到规范发展的实践过程正是核心要义从理论策源到运用指导的升华过程，对这一过程的构型进行分析，能够解析出鲁班工坊核心要义的动态特征及创新方向。

鲁班工坊建设与核心要义之间的知行合一辩证关系是一种双螺旋的构型。

如果把鲁班工坊的建设与运营实践当成一条知行合一中的“行”主线，把核心要义的理论形成与创新发展当成知行合一的“知”主线，把实践探索与理论创新作为行动与认知相结合的配对机制，那么鲁班工坊品牌创成与核心要义的动态发展在结构上呈现出一种类似于双螺旋的上升构型。将鲁班工坊发展的历史事件与理论创新研究纳入这个构型中，将形成一个非常长且复杂的双螺旋结构。截取部分关键时间点上的片段信息将这个双螺旋过程压缩，能够解析出鲁班工坊建设过程中的知行合一特征。截取20个鲁班工坊的建设与行动内容作为“行”主链上的排列要素，将每一个鲁班工坊作为与另一条链上的理论认知进行配对的对象，这样就构造了一条鲁班工坊事业发展中的实践链；另外，选取2016年到2021年间首创者吕景泉教授论述鲁班工坊的10篇核心文章作为对鲁班工坊理论创新发展的认知载体，将其作为与鲁班工坊行动链配对的认知主链上的互动对象，将这10篇文献中所论述的核心要义五层15个要素及其运用发展策略按时间顺序解析出来并排列成认知主链上的认知内容，这些要素通过经验总结和理论创新等认知形式串联起来，从而构造出鲁班工坊事业发展中的认知链。如此，按照时间顺序排列组合，鲁班工坊事业发展的实践链上的每一个鲁班工坊与相应时间段上的文献相配对，将行动实践与理论认知进行互动，形成了鲁班工坊事业发展过程中建设实践与理论认知互动融合发展的双螺旋结构。

纵观整条螺旋构型，鲁班工坊的核心要义是在国家现代职业教育改革创新示范区建设中于2015年开始架构并体现在2016年1月的一篇论文中，该文章贡献了两种功能和一个内涵。在建设了8个鲁班工坊之后，核心要义才系统总结而成型，其中，2016年揭牌运营的泰国鲁班工坊建设实践和2017年1月发表的一篇文章贡献或验证了核心要义的八个要素，即两种功能、两个内涵、一条路径和四项原则；2017年揭牌的英国、印度、印尼鲁班工坊和2018年1月发表的一篇文章贡献了核心要义的两个要素，即一项原则和一条路径；2018年揭牌的巴基斯坦、柬埔寨、葡萄牙三个鲁班工坊和2018年、2019年1月发表的两篇文章贡献了核心要义的两个要素，即一块品牌和一条路径；2019年揭牌的吉布提鲁班工坊以及在其揭牌之后截稿的一篇论文总结完善了鲁班工坊的另外三个内涵，最终在8个鲁班工坊的建设实践与理论创新中完成了鲁班工坊核心要义的系统阐述。2019—2021年揭牌的肯尼亚、南非等10个鲁班工坊以及在2021年5月发表的一篇文章系统阐述了鲁班工坊在非洲的建设策略，也即核心要义的运用策略。在亚洲5个鲁班工坊建设与运营的基础上，2021年10月的一篇文章系统论述了亚洲鲁班工坊建设中核心要义的运用策略；在欧洲鲁班工坊建设与运营的基础上，2021年11月的一篇文章系统论述了欧洲鲁班工坊建设中核心要义的运用策略。总体而言，鲁班工坊核心要义是在实践中不断完善发展而来的，随着时间标度从核心要义的各个要素点的总结凝练逐渐形成要义体系，之后深化发展成要义的应用及策略，呈现出一种发展的、上升的属性和特征。

鲁班工坊建设的行动要素与核心要义的认知要素是在实践中互动发展形成的。在认识论上，鲁班工坊的建设实践为核心要义的理论认知提供了认知基础，核心要义为建设实践提供了理论指导，二者是在实践中互动上升实现鲁班工坊事业的不断壮大和健康发展的。考察鲁班工坊知行合一的双螺旋构型中实践链和行动链在时间标度中的出现次序，能够清晰地发现这一发展逻辑。横向看，鲁班工坊核心要义五层15个要素并不是同时出现和凝练而成的，其中品牌这个要素是在建设了7个鲁班工坊后在第四篇文章中才提出的；两种功能是在国家现代职业教育改革创新示范区建设和泰国鲁班工坊建设后在第一篇文章中构思并在第二篇文章中验证确认的；三条路径这三个要素是在建设了4个鲁班工坊后在第四篇文章中提出的，其中第三条路径要素是在第6个鲁班工坊（柬埔寨鲁班工坊）中验证的；四个内涵中第一个要素出现于泰国鲁班工坊的建设中并在第二篇文章中提出，而另外三个要素则是在前 8 个鲁班工坊建设完成后在第五篇文章中才系统总结完善提出的；五项原则中的四个要素是在第一个鲁班工坊和第二篇文章中提出来的，第五个要素则是在前四个鲁班工坊揭牌后在第三篇文章中提出的。核心要义的 15 个要素是在鲁班工坊建设的不同时间点出现并随后指导了后续鲁班工坊的建设。这种知行合一的双螺旋发展构型基于时间标度的排序序列决定了鲁班工坊建设与核心要义的发展之间互动性的表达，其实质是认识论中理论与实践的辩证关系。

另外，经研究发现，在首创者以鲁班工坊为主题的七部著述中，第一次完整、系统阐释鲁班工坊核心要义“12345”，是在 2019 年 9 月由天津人民出版社出版的《鲁班工坊核心要义——中国职业教育的国际品牌》一书中。该书入选“中华文化走出去工作重点任务清单项目”，并由英国新经典出版社（New Classic Press）分别出版了英文版、葡萄牙文版。而在 2018 年 10 月由中国铁道出版社出版的《鲁班工坊》之中，第三部分“鲁班工坊的内涵标准”对这一核心要义进行了初步描述。在 2021 年 5 月出版的《鲁班工坊（LUBAN WORKSHOP）解析》之中，首创者对核心要义“12345”进行了多维度深度解构与深入解析。

2022 年 6 月 26 日，EPIP 国际教育联盟第五届年会在中国天津、泰国大城两个主会场同时举行，鲁班工坊首创者、EPIP 教学模式创立者吕景泉教授发表题为《改造我们的学习，相信 EPIP 的力量》的主旨演讲，生动阐释了鲁班工坊的核心要义“12345”、工程实践创新项目（EPIP）的核心要义“54321”的相互关联，并从中国文化、世界文化视角，提出“1”乃至“大”，“5”为达“成”，致敬泰国鲁班工坊坐落地“大城”，盛赞泰国鲁班工坊合作方“大城技术学院”在项目品牌创建创成中的重要作用和巨大贡献。

可以说，鲁班工坊的一切行动逻辑和理论演化都蕴含在核心要义知行合一的双螺旋动态发展构型中。破解这条双螺旋构型链条，也就掌握了鲁班工坊建设、运营与发展的密码，这是鲁班工坊双螺旋构型的寓意所在。

三、核心要义的拓展方向

鲁班工坊核心要义是在鲁班工坊建设实践与认知提升中不断进行经验总结、理论创新和验证完善而提出的关于鲁班工坊建设、运营与发展的根本指南。鲁班工坊核心要义的静态构型以核心性、稳定性和指导性为功能特征，动态构型则以核心性、发展性和互动性为特征，这两个构型既有联系又有区别。二者的主要联系在于二者都集中反映了核心要义在对鲁班工坊认知和指导鲁班工坊建设运营过程中的核心地位，无论在静态中还是在发展中都是鲁班工坊经验总结和理论创新的核心要素。二者的区别在于，静态构型反映的是集大成的体系化的鲁班工坊核心要义的完整内容，虽然也具有时空属性，但其反映的是核心要义的运用进程而非形成与发展的演进过程，因而仍然是一种静态的内容表达；而动态构型是真正以时间为标度描述核心要义在鲁班工坊建设实践与认知的相互融通的双螺旋演进过程，除了表达核心要义的内容，还具有发展核心要义的含义。从静态金字塔构型与动态双螺旋构型的辩证关系看，理解静态构型是为了更好地坚持核心要义，坚持其在鲁班工坊建设、运营与发展中的指导地位；理解动态构型则是为了掌握核心要义的形成规律，并预见未来的实践需要和理论创新方向。坚持是为了更好的发展。就目前的发展需要而言，在应用层面，坚持和应用鲁班工坊核心要义至少需要在标准、机制和策略方面加以拓展。

核心要义的静态构型是坚持使用核心要义指导和规范鲁班工坊建设的现实逻辑，动态构型是在实践基础上进行经验总结和理论创新以继续发展核心要义的发展逻辑。沿着鲁班工坊知行合一的双螺旋构型序列解读鲁班工坊核心要义的发展脉络可以发现，核心要义从萌动到架构，到元素出现，再到体系成型，完整经历了 8 个鲁班工坊的建设，之后经历了12个鲁班工坊的实践验证并发展出布局与区域建设的要义运用策略，形成了对核心要义的内涵拓展。鲁班工坊进入新的发展征程后，发展实践方面，在区域上形成了亚洲、非洲、欧洲三大区域，而建设重点则聚焦于上海合作组织国家、东盟国家和非洲国家；认知倾向上，在三大区域的建设策略上出现了新的理论创新，聚焦于重点发展区域的发展策略有待理论构建。鲁班工坊作为一个品牌，历经 6 年多的时间实现品牌创成。可以说，今后相当长的一段时间，对其核心要义的理解“觉解”与应用“运用”，对于优化项目布局、完善建设标准、拓展办学内涵、推进实践创新与理论创新方面都是重要的，也是必要的。

第二十一章 / 鲁班工坊值得关注的几个问题

章引语

2022年8月，首届世界职业技术教育发展大会在天津成功召开。为介绍新时代中国职业教育发展成就，与国际社会分享中国职业教育创新举措，发出职业教育合作邀约，大会向全球发布《中国职业教育发展报告（2012—2022年）》。报告明确宣示：

中国将坚持平等合作、优质优先、强能重技、产教融合、因地制宜的原则，坚持“鲁班工坊”品牌核心要义，坚持共研、共建、共享、共用、共赢，不断优化和完善“鲁班工坊”全球布局。

完善“鲁班工坊”联盟建设机制。继续鼓励有条件的职业学校在海外建设“鲁班工坊”，继续推动中国本土化、视野国际化的工程实践创新项目（EPIP）应用，发挥已建立的泰国、葡萄牙、埃塞俄比亚等国EPIP教学研究中心作用，给更多境外合作伙伴带去先进的教学模式、优质的教学装备。

在推广应用已有国际化专业教学标准基础上，中外双方合作院校持续开发“落地”国际化专业教学标准、课程体系和教学资源，推进“鲁班工坊”的学历教育纳入合作国国民教育体系。完善“鲁班工坊”质量认证体系，构建起中国特色、世界水准的“鲁班工坊”标准模式，提升“鲁班工坊”对国际产能合作、合作国青年高质量就业的服务力和贡献度。

2021 年 9 月 20 日，世界知识产权组织发布的《2021 年全球创新指数报告》显示，中国在全球创新领域的排名上升至第 12 位，是前 30 名中唯一的中等收入经济体。中国已经确立全球创新领先者地位。鲁班工坊，就是党的十八大以来中国职业教育在国际交流合作领域的重大创新成果。

鲁班工坊的创新主要体现在：始终坚持品牌化推动，标准化建设，规范化管理，精准化服务。我们用“12345”诠释鲁班工坊核心要义，就是一块品牌、两种功能、三条路径、四个内涵、五项原则。

一块品牌，是指：“鲁班工坊”，是中国职业教育国际合作的知名品牌，是中国对外人文交流的靓丽品牌。这个品牌对应着一个核心目标，就是为合作国培养适应当地经济社会发展需要的技术技能人才。

两种功能，是指：在合作国实施技术技能人才培养的学历教育，同时为当地企业员工、社会人员开展技能培训。

三条路径，是指：依托院校间紧密的国际合作，校校创办“鲁班工坊”；依托国际化企业的校企合作，校企创设“鲁班工坊”；依托国家政府间的项目合作，校府创建“鲁班工坊”。无论哪一种路径，双方合作院校是鲁班工坊的责任主体。双方合作院校要在“五认同”的基础上，发挥各自优势，共同投入资源，开展紧密互信合作、深度校企合作，聚焦专业和课程建设，打造鲁班工坊优秀教学团队，服务合作国经济发展需要。同时，合作路径之间也会彼此交融，相辅相成，共促发展。

四个内涵，是指：以中国本土化、视野国际化的“工程实践创新项目（EPIP）”为教学模式，以中国职业院校开发的国际化专业教学标准为基本依据，以全国职业院校技能大赛（国赛）优质赛项装备为主要载体，以“师资培训先行”及教学资源开发为必要保障。这四个“以”，是鲁班工坊的品牌内核。

五项原则，是指：平等合作，优质优先，强能重技，产教融合，因地制宜。

一、品牌要义优质优先之坚守

为高质量推进“鲁班工坊”国家战略，天津市委、市政府颁布《关于做大做强做优职业教育的八项举措》（津党厅〔2018〕71号），俗称“职八条”。为贯彻落实“职八条”，规范和加强“鲁班工坊”项目建设、资金支持与政策管理，2019年天津市委教育工委、市教委、市财政局制定颁布了《天津职业教育“鲁班工坊”建设项目和资金管理办法》。文件全面呈现了鲁班工坊实践探索、理论研究成果，标志着项目建设在话语体系、标准规范、办学内涵、研究推广、制度体制、政策管理方面走向成熟。

1.“鲁班工坊”项目定位

鲁班工坊定位于技术技能人才培养和职业文化推广交流，以鲁班的“大国工匠”形象为依托，大力弘扬工匠精神，采取学历教育与专业培训的方式，输出中国职业教育优质资源和中国优质产品技术，在海外选择有影响的院校合作建立实体性机构，分享中国职业教育优质的职业技术和职业文化。

2.“鲁班工坊”建设内涵

坚持平等合作、优质优先、强能重技、产教融合、因地制宜的原则，以“国家现代职业教育改革创新示范区”建设成果为总体支撑，以“工程实践创新项目（EPIP）”为教学模式，以教育部国际化专业教学标准为基本依据，以全国职业院校技能大赛赛项装备为重要载体，以“师资培训先行”及教学资源为必要保障，聚焦先进制造业、现代服务业等领域，联合培养当地熟悉中国装备和技术、了解中国产品和标准的技术技能人才。

3.“鲁班工坊”建设目标

积极鼓励有条件的院校，配合中国产能“走出去”，协同相关行业企业，充分发挥专业建设和国际合作优势，落实中非合作八大行动计划，提升已有鲁班工坊建设水平，加快新建海外鲁班工坊，扩展鲁班工坊服务功能。在应用并完善已有的 50 个国际化专业教学标准的基础上，结合鲁班工坊的建设需求，再开发 50 个国际化专业教学标准，为国际化技术技能人才培养提供依据，支持鲁班工坊和职业院校应用推广。持续推进鲁班工坊的制度建设，加强鲁班工坊宣传与推广，建立鲁班工坊可持续发展的体制机制。

4.“鲁班工坊”建设要求

鲁班工坊采用实地教学与“空中课堂”相结合的教学方式，天津课堂与海外课堂同步教研；以 EPIP 教学模式设计教学，致力于培养海外学生职业素质、专业技术技能、综合实践能力和创新能力；国家职教示范区的院校在教学设计、课程设置、教材开发、师资培训等方面给予保障与支撑。鲁班工坊建设立足于天津职业教育行业办学优势，借助产业、行业、企业、职业、专业的“五业联动”职业教育发展模式，发挥政府、行业、企业、学校、科研机构的“五方携手”作用，加强产教融合、校企合作，高标准、品牌化实施项目建设。

5.“鲁班工坊”建设任务

全面推进鲁班工坊建设，服务国家“一带一路”倡议，配合国际产能合作，带动我国及天津市优势产业、优秀企业和优质产品“走出去”。提升已有鲁班工坊建设水平；支持泰国、英国、印度、印度尼西亚、巴基斯坦、柬埔寨、葡萄牙、吉布提等国鲁班工坊不断巩固完善建设成果，全方位探索鲁班工坊发展模式、路径，切实发挥标杆作用；深化已有专业建设，围绕当地经济发展需求，扩大输出专业范围，进一步扩大来津留学生规模；充分发挥“EPIP 教学研究中心”的作用，将“五业联动”有效做法引入境外合作学校，提升其为当地企业特别是对走出去中国企业的服务能力。加快新建海外鲁班工坊，按照稳中求进、质量为先、贴近需求、系统规划、产教融合、做优做强、打造样板、服务战略的基本思路，鼓励有条件的院校继续在海外探索建设鲁班工坊。特别是按照习近平主席关于在非洲设立鲁班工坊的要求，加快落实在非洲建设鲁班工坊，向非洲青年提供职业技能培训。拓展鲁班工坊服务功能；在海外建立的鲁班工坊中，探索构建“中高本硕”贯通的国际化职业教育人才培养体系，为天津构建现代职业教育体系提供经验，搭建国内外技术技能人才培养交流与合作平台。以鲁班工坊为载体，开发职业院校教师、学生海外实践拓展项目，使鲁班工坊成为天津职业院校提升师生国际化水平的重要基地。

6.“鲁班工坊”研究与推广

建立鲁班工坊研究与推广中心，构建鲁班工坊研究与评价体系，搭建以天津市教育科学研究院和相关职业院校为支点、国内国际联动的政策研究、资源开发、指导评价机构。机构主要职责为鲁班工坊的政策研究、标准制定、项目指导、信息发布、学术交流及对成功经验的推广应用等。

7.“鲁班工坊”中方院校申报条件

符合鲁班工坊建设整体布局规划；具备较强的办学实力和教学管理

能力，主管部门和学校有能力利用自有资金为设立鲁班工坊提供必要的经费投入，对海外教学实施监管，以保证教育质量；具有国际合作与交流的相关经验，认同鲁班工坊核心内涵，志愿履行鲁班工坊责任义务；服务中国企业“走出去”，具有至少 1 对实质性支撑项目建设的校企合作关系；境外合作学校专业教学条件达到实施我国国际化专业教学标准的水平，具备开展 EPIP 教学模式的人员、场所、设施等基础条件，有必备的办学资金和稳定的经费来源。

……

这一套文件，是推进鲁班工坊项目建设的第一部系统政策，是项目建设的主要依据和重要标准，是推进鲁班工坊项目建设最权威、最全面的制度设计和政策指向。其核心，是坚持品牌要义与质量标准，是坚持优质优先与因地制宜。这些值得我们关注研究。

二、发展策略建设标准之完善

鲁班工坊，是国家行动，是国际品牌，其生命在于质量。鲁班工坊，关乎中国职业教育的形象，关乎国家战略实施的成效。为保证项目质量，不仅要遴选境外合作伙伴，也要选择国内项目建设院校，更要关注双方院校对于鲁班工坊核心要义的理解与认同。鲁班工坊开启发展新征程，其重心重点是优化布局、服务大局、完善标准、确保质量。

我们要明确：国家行动，国际品牌，不要求每一个省份的每一所院校都必须参与实施，参加建设。我们要坚持：鲁班工坊的“名”下是有内涵、有要义、有边界、有知识产权、有价值追求的，不应该随意解读品牌，不应该随便使用品牌，不应该臆断泛化品牌。品牌需要科学化尊重、职业化维护、专业化实施，需要守“正”，以尊重的态度对待，以谦和的心态看待，在守正中完善，在传承中创新。我们要确保：每一个鲁班工坊都能够“健康生活，长命百岁”。我们时常不够珍视老字号，这是我们以前所处的发展阶段特征决定的；我们时常不够珍视新品牌，这是我们当下还不够尊重知识、尊重劳动、尊重创造的现实反映。坚守常识，捍卫逻辑，回归初心，有时也是要强调的！

坚持鲁班工坊高质量发展，不仅学校要优质，专业也要优质，整体资源都要优质，只有优质的项目才能做好，只有中国职业教育的优质模式、优质标准、优质装备、优质教材才具备分享的资格。自信，建立在自强基础上！

鲁班工坊的主要任务，是服务中国企业“走出去”，服务国际产能合作，是技术技能人才培养的交流。我们实施的项目，要有校企合作的根基，要有产教融合的平台，要面向合作国当地的中资企业和对方企业的需求。世界性的产教融合，国际化的校企合作，是鲁班工坊的“精要”所在，是服务“一带一路”的必然要求！

鲁班工坊的话语体系是开放的，但是鲁班工坊是有核心要义的。要不断完善鲁班工坊建设标准，包括项目合作伙伴遴选标准、项目落地揭牌启运标准、教学团队素质能力标准、国际化专业教学标准、教学资源与教材建设标准、项目实施效果评价标准、项目质量保障诊改标准，以及项目授权、项目激励、项目退出等政策机制。没有标准，也就没有质量！这些值得我们关注研究。

三、鲁班工坊孔子学院之互鉴

鲁班工坊，是将中国职业教育的教学模式、专业标准、技术装备、教学方案与世界分享的实体化平台，服务“一带一路”和国际产能合作，服务构建人类命运共同体。孔子学院、鲁班工坊是中国对外人文交流的“一文一武”，即“中国语言文化”与“中国技术技能”，也可以形象比喻为“一说一做”。

2018 年 7 月，中国国际广播电台人才工程资助项目《走遍非洲》一书出版，此书由 14 位驻非洲记者共同撰写。其中，记者刘畅撰写的文章《孔子学院十周岁，鲜花与坎坷相伴而行》，记录了汉语教学起步较晚的非洲国家开展孔子学院项目的真实故事与记者现场见闻，文中有深度的问题思考。现在读来，有很多启迪。

文章开头写道：“2014 年 9 月是孔子学院正式成立 10 周年，在短短的 10 年内，中国国家汉办已经在全球 123 个国家设立了 465 所孔子学院和 713 个孔子课堂，孔子学院用 10 年的时间走过了歌德学院、法语联盟等机构数百年的道路，可谓跨越式发展。”现在看来，这种“跨越式”发展是否能够持续，对于鲁班工坊是具有借鉴意义的。

文章讲到对南非斯坦陵布什孔子学院中方院长谢作旭先生的采访：“谢作旭表示，汉语教学本土化是他们的最终目标。目前，孔子学院可以对汉语教学进行扶持，输送教师，帮助它正常运作，但未来还是要以当地人为主，让南非人自己教南非人汉语，就像在中国，大多数是中国老师教英文一样。”现在看来，鲁班工坊的原创设计是适宜的，它始终在推进并实现了教学团队本土化。鲁班工坊带给境外合作伙伴的不仅有先进的国际化专业教学标准、优质的国赛赛项教学装备，还有教育理念、教学模式。每一个鲁班工坊建设之初，都要对境外合作院校的教学团队、管理团队进行标准化进阶式培养培训，使其掌握职教新理念、教学新模式、技术新应用，具备实际操作装备能力。鲁班工坊标准化进阶式 EPIP 师资研修，是鲁班工坊建设的基础性工程。只有合作国本土化师资能力水平提升了、适应了，教学模式、专业标准、技术装备才能发挥作用，才能实现本土化教师培养本土化人才的目标。这是鲁班工坊的一个重要“前置”条件，也是核心内涵“师资培训先行”及教学资源开发的要求。我们分析来看，泰国人讲泰语，柬埔寨人讲柬语，葡萄牙人讲葡语，吉布提人讲法语和阿拉伯语，俄罗斯人讲俄语……中国职业院校教师根本做不了。鲁班工坊的国际化专业标准，也是被纳入合作国国民教育体系的。这样的项目会更安全、更长久、更有根基。鲁班工坊发展策略中非常重要的一条是：本土化。

文章还讲道：“首先是师资力量缺乏，随着孔子学院在全球的不断扩大，需要源源不断的师资力量进行补充。由于孔子学院往往采取国内高校和外国高校合作的模式，而诸如中国人民大学之类的重点高校往往有十几个合作的孔子学院，无法有足够的老师派出。现在各地的孔子学院，一大半的师资力量由志愿者充当，但这些志愿者一部分专业不符，而且往往一年换一批，无法保持教学的延续性。”文章又讲道：“为了留住学生，一些学校的老师往往降低教学难度，哄着学生学习，这样势必导致学习质量下降。而那些在中小学开设的教学点多是兴趣班，由于缺乏学习动力，学生数量也会逐渐减少，有的教学点可能无果而终。”文章最后讲：“在过去 10 年间，仅仅美国就开办了 80 多所孔子学院，但是整个非洲仅有 37 所孔子学院。”

现在我们冷静下来看，刘畅记者在八年前思考并提出的问题，依然值得鲁班工坊建设者去思考，去回答。今天，我们虽然可以自豪地说，鲁班工坊的六年发展解决了其中的一些问题，而且，有的解决得还很好。但是，我们认为，有些问题仍然值得关注研究。

四、平等合作双向交流之思考

鲁班工坊的建设原则与发展策略，第一条就是平等合作。合作双方应该建立良好的相互认同与相互信任关系。

在充分理解、相互认同的基础上，中外双方开展平等合作，共同遴选合作院校，商讨项目合作方式、工坊实施路径、专业整合设计、课程综合嵌入、资源有效利用、教学研究开展等，共同为鲁班工坊的建设运行提供主体支撑与基础保障。鲁班工坊建设，始终着眼于我国外交大局，综合考虑合作国家政治安全、经济发展、资源禀赋、语言文化、教育现状等多方面情况，从长远计议，从实际出发，扎实推进工作。鲁班工坊项目不是简单化输出，更不是“强制”人家做，“强制”人家要，“强制”人家配合，而是在有需要、有条件的国家，选择相互认同的合作院校实施项目建设。分享，不是“硬给”，不是“强做”，认同是第一位的！

鲁班工坊项目在设计之初，充分考虑了项目的文化内涵与思想底蕴。传承文化传统、体现技能特质、彰显工匠精神、蕴含创新智慧的代表人物，是“鲁班”；体现教学做一体，突出做中学、做中教，寓意小巧精致的环境、现代学徒的情境、工作劳动的场所、精湛技艺的传承的，是“工坊”。鲁班，是生活在约 2 500 年前的杰出“工匠”和“发明家”，以鲁班为代表的中国工匠是中华民族勤劳智慧、科学创新的典范，凝聚着中国智慧，弘扬着中国精神，传播着中国价值。提到鲁班，就会想到墨子，中国职业教育的文化源头是“班墨文化”。班墨文化的精髓体现在墨子的“兼爱”“非攻”“尚贤”“尚同”。“精益求精、创新进取、崇尚科学、心系百姓、胸怀天下、造福人类”是班墨文化最核心的内涵，也是鲁班工坊所要传承与弘扬的重要内容。

中外双方开展平等合作，在对项目所蕴含的文化思想的理解方面应该是双向的。鲁班工坊项目建设，也是推广中国文化的一个重要途径，而且这种文化交流时常是“隐行”的，它潜于技术技能人才培养培训全过程。但是，也应该关注双向交流，不仅要让合作方了解中国技术技能文化与思想，也应该让中方了解合作国的文化与思想。鲁班工坊为合作国的师生打开了一扇通向中国技能与文化之门，同时我们也应该开启通往对方的心灵之窗。拓展鲁班工坊的办学内涵，其实是多方面的，而平等合作、双向交流，非常值得关注研究。

泰国鲁班工坊项目建设，对鲁班工坊品牌创建、推广应用及策略优化做出了有益探索和基础性贡献。泰国以及其他亚洲国家鲁班工坊的高质量项目建设，对后续的习近平主席见证的欧洲标杆项目——葡萄牙鲁班工坊、盖莱总统直接支持的非洲首家项目——吉布提鲁班工坊、习近平主席与塞西总统共同关注的埃及鲁班工坊的成功实施起到了基础性、关键性作用。

后记

一提到“鲁班工坊”，泰国鲁班工坊是永远绕不过去的。

是因为，它是“世界上首个鲁班工坊”吗？我想不仅如此。

是因为，它开启了鲁班工坊项目建设之先河，也开启了鲁班工坊项目研究之先河，更开启了新时代中国职业教育国际化进程的创新实践之先河。它是鲁班工坊国际品牌创建创成的奠基者、开拓者和引领者。

2016年3月，是我第一次到访泰国大城，与先期抵达的芮福宏、申奕会合，参与泰国鲁班工坊揭牌启运。时隔一年零两个月，2017年5月，是我第二次到访泰国大城，在英国奇切斯特参与世界上第二个、欧洲的第一个鲁班工坊（英国鲁班工坊）揭牌启运之后，我与先期抵达的于兰平、申奕会合，参与境外首个“EPIP教学研究中心”“中国天津职业院校师生海外拓展基地”揭牌启运，推进泰国鲁班工坊第二期建设。又是一年零两个月，2018 年 7 月，是我第三次到访泰国大城，在巴基斯坦旁遮普省参与世界上第五个、中巴黄金走廊鲁班工坊（巴基斯坦鲁班工坊）揭牌启运之前，我与先期抵达的于忠武、赵学术、申奕等中方建设团队成员会合，推进泰国鲁班工坊第三期建设，成立“铁院中心”，创立“一坊两中心”模式。三年三次，一年一趟，到访泰国一地，为大城“一事”。

2018 年 5 月，首个以鲁班工坊为主题的特色展馆“鲁班工坊建设 · 体验馆”在天津轻工学院正式对外开放。6 日下午，在体验馆内，孙春兰副总理与天津渤海学院于兰平、泰国大城技术学院哲仁等已建成的泰国、英国、印度、印尼鲁班工坊建设团队代表亲切交流，共话鲁班工坊建设与发展。泰国鲁班工坊实践成效、研究成果成为体验馆的“中心”与“亮点”。

2018 年 7 月 21 日下午，在泰国大城附近的湄南河（据说是湄南河最宽的一段）河岸旁的一片旷野里，一次重要而事先没有计划的露天讨论在展开。我在写《鲁班工坊（LUBAN WORKSHOP）解析》一书时，描述过这一段，叫“湄南河畔的思考”。当时，参加讨论的人在草地上席地而坐，围拢成一个大圆，有教委的我、杨荣敏，铁道的于忠武、赵学术，渤海的申奕，还有泰国大城技术学院的哲仁等。这是我们在建设了五个鲁班工坊（泰国、英国、印度、印尼、巴基斯坦鲁班工坊）之后，在泰国实施了“一坊两中心”之后，在经历了三次到访大城行动之后，进行的一次头脑“风暴”。在当时当地，在泰国大城，我们情不自禁地说出“鲁班工坊进入发展新阶段”。这个新阶段的主要特征，就是做强现有，质量为先，稳中求进，打造品牌。项目推进的工作方位、特色定位、时空移位激活了我们的思维。湄南河（我们当时兴奋地称它“没有克服不了的困难”之河——“没难”河）最宽阔河段岸边旷野里的行动团队沉静反思、激昂陈词的情景，让我至今萦绕于心。第一个鲁班工坊——泰国鲁班工坊不仅下了一步先手棋、打了一场漂亮仗，而且已经成为标杆项目、旗舰项目。三年三期建设，六个专业落地，一整幢楼启用。

2018 年 9 月，我们陪同市领导去教育部，向孙尧副部长汇报鲁班工坊建设。往返的路上，王璟提出，要好好总结一下“天津职教精神”。现在想到，鲁迅先生曾说过：“我们自古以来，就有埋头苦干的人，有拼命硬干的人，有为民请命的人，有舍身求法的人，……这就是中国的脊梁。”如果说天津职教有精神，那就是体现在天津职教人身上的职业精神、开拓精神、拼命精神；天津渤海学院芮福宏、于兰平、申奕、黎志东、郑勇峰、李艳、王佳山……

他（她）们的身上就有这些可贵的精神。

2019年5月，我们将鲁班工坊建设·体验馆进行了再升级再完善，全面呈现了包括吉布提鲁班工坊在内的8个已建成鲁班工坊。体验馆将古老“班墨文化”与现代信息技术相结合，依据时间顺序、依照实践逻辑、依凭研究脉络展现了鲁班工坊的建设历程，让参观者真实感受新时代天津职业教育的匠人、匠心、匠技，也呈现了天津职业教育在EPIP教学模式创立与运用、国际化教学标准研制与实施、教育装备及资源开发与利用、中外院校师资培养与培训、职业教育品牌创建与创成等方面所取得的成效。“诗琳通公主奖”“泰国‘国王奖’”“EPIP国际教育联盟”“EPIP教学体验中心”“渤海园落户大城”“首个鲁班工坊主题国家教学成果一等奖”，泰国鲁班工坊的实践探索、理论研究、经验总结、模式推广，当然是体验馆的“主线”与“高点”。

2022年8月，首届世界职业技术教育发展大会在天津成功举办，它源于天津探索“鲁班工坊”世界布局的国际影响，源自天津创立的中国职业教育国际话语。18日上午10时，《鲁班工坊研究：溯源·要义·标准·策略——吕景泉“鲁班工坊”主题论文集》发布会在国家会展中心——首届世界职业技术教育发展大会发布大厅举行。同期发布的还有中英双语版《鲁班工坊：品牌·内涵·布局·目标》《工程实践创新项目：模式·学理·话语·应用》。这批成果，是继《鲁班工坊核心要义——中国职业教育的国际品牌》《EPIP 教学模式——中国职业教育的话语体系》入选中宣部“中华文化走出去工作重点任务清单项目”，在英国本土出版发行英文版、葡萄牙语版之后，天津职业技术师范大学鲁班工坊国际发展研究中心（LB_IDRC）的又一批重要研究成果。发布会上，作为鲁班工坊、EPIP 的首创者，我与大家一道回顾了鲁班工坊及其 EPIP 的发展历程，与外语教学与研究出版社签署了“国别鲁班工坊研究系列丛书”合作协议。此次合作，也开启了鲁班工坊研究从“面”到“点”、从“洲”到“国”的具化深化行动，可谓意义重大。国别鲁班工坊研究，必然要从泰国鲁班工坊开始！

百年前，1922 年，陶行知先生因为菲律宾即将召开远东教育大会，北洋政府却毫无准备，没有找到代表参会而感到气愤。他说道：“我们以后，若再懒惰，不早些从事准备，那世界真要以为中国没有教育了。世界以为中国没有教育尤事小，若中国真无教育可说，那就真要惭愧了。”他还说道：“国际的教育运动，是一天多似一天的，以后的准备，一是要靠着自有的成绩，二是靠彻底的自明。”

新时代，2022 年，首届世界职业技术教育发展大会在天津召开。天津职业教育继首个国家职教试验区、唯一示范区以及示范区升级版建设之后，也全面开启了部市共建“新时代职业教育创新发展标杆”的新征程。天津职业教育探索创设了产业、行业、企业、职业、专业“五业联动”机制，创建了工程实践创新项目（EPIP）教学模式，创立了“核心技术一体化”专业建设模式，创成了“鲁班工坊”国际品牌。鲁班工坊实现了中国职业教育的模式、标准、装备、教材、方案品牌化、系统化、体系化与世界分享。天津院校在泰国、印度、英国、葡萄牙、南非、埃及、埃塞俄比亚等亚欧非 20 个国家建成的 21 个鲁班工坊，在泰国、葡萄牙、印度、埃塞俄比亚等国成立的境外 EPIP 教学研究中心，构建起中国职业教育的国际话语和世界影响力。我们泰国鲁班工坊建设团队的每一位成员，由衷感到无上光荣，无比自豪！

2022 年 10 月，“模式创立、标准研制、资源开发、师资培养——鲁班工坊的创新实践”成果获评 2022 年天津市职业教育教学成果特等奖第一名。22日上午9时，在市教委第一会议室召开“鲁班工坊教学成果‘申报’国家级大奖专题推动会”，会上，天津市教委主任荆洪阳讲道：鲁班工坊成果奖的前期申报，景泉校长写了一个好本子；一直以来，景泉校长像呵护孩子一样，呵护“鲁班工坊”，他是拼了还不算老的“老命”做成的事；我们一定要将成果申报好。这个专题会，说明市教委对于鲁班工坊教学成果的高度重视，也表明市教委对于以我为代表的天津职教人“埋头苦干”“拼命硬干”的高度肯定。回想起哲仁、卢卡斯都曾赞誉我是鲁班工坊之“父”。“孩子”与“父亲”，不同的视角表述，一样的寓意语意。《左传》里讲“立德立功立言”，校长们讲过，鲁班工坊是“立功”，EPIP是“立言”，我们都应该再下力气“立德”，做好立德树人、德技并修这篇大文章。作为鲁班工坊建设团队的牵头人，我感到光荣、自豪！

孔子曰：“必也正名乎！……名不正则言不顺，言不顺则事不成。”

鲁班工坊是一个品牌，品牌是有“要义”、有“框范”的。鲁班工坊品牌内涵与核心要义，需要科学化尊重、职业化维护、专业化实施；需要守“正”，以尊重的态度对待，以谦和的心态看待，在守正中完善，在守正中创新。正如《中国职业教育发展报告（2012—2022年）》向全世界申明的：“中国将坚持平等合作、优质优先、强能重技、产教融合、因地制宜的原则，坚持‘鲁班工坊’品牌核心要义……”鲁班工坊，需要名实相符，“实”应当与其“名”规定的内涵相符；鲁班工坊，需要名正言顺，“正名”应该得到认真倾听，传播正确之“名”。我们有时不够珍视老字号，那是我们以前所处的发展阶段特征决定的；我们时常不够珍视新品牌，这是我们当下还不够尊重知识、尊重劳动、尊重创造的现实反映。这不符合新时代要求！我们应该确保每一个鲁班工坊都能够“健康生活，长命百岁”。深化鲁班工坊研究，是必由之路！

事非经过不知难。天津芮福宏、于兰平，大城哲仁都相继从任职岗位荣退。事业蓬勃待后生。深化泰国鲁班工坊研究，传承精髓扬帆新航，正名正史正言正义，正当其时！

2022年11月16日